# O
# K FOCO TOTAL NOS
# R RESULTADOS

# OKR

## FOCO TOTAL NOS RESULTADOS

*Tradução*
Beatriz Medina

Benvirá

Copyright © 2023 by Christina Wodtke

Título original: *Radical Focus: achieving your most important goals with objectives and key results*, de Christina Wodtke.

**Direção executiva** Flávia Alves Bravin
**Direção editorial** Ana Paula Santos Matos
**Gerência editorial e de projetos** Fernando Penteado
**Edição** Estela Janiski Zumbano
**Produção** Tiago Dela Rosa

**Tradução** Beatriz Medina
**Revisão** Maurício Katayama
**Diagramação** Adriana Aguiar
**Capa** Tiago Dela Rosa
**Impressão e acabamento** Vox Gráfica

**Dados Internacionais de Catalogação na Publicação (CIP)**
**Vagner Rodolfo da Silva – CRB-8/9410**

W839f    Wodtke, Christina

OKR: Foco Total nos Resultados / Christina Wodtke ; traduzido por Maria Beatriz de Medina. – São Paulo : Benvirá, 2023.

264 p.

Tradução de: *Radical Focus: Achieving Your Most Important Goals with Objectives and Key Results*

ISBN 978-65-5810-039-3 (impresso)

1. Administração. 2. Resultados. 3. Gestão. I. Medina, Maria Beatriz de. II. Título.

CDD 658
CDU 65

2022-3986

**Índices para catálogo sistemático:**
1. Administração     658
2. Administração     65

1ª edição, março de 2023

Todos os direitos reservados à Benvirá, um selo da Saraiva Educação.
Av. Paulista, 901, 4º andar
Bela Vista - São Paulo - SP - CEP: 01311-100

**SAC:** sac.sets@saraivaeducacao.com.br

CÓDIGO DA OBRA   713281    CL   671039    CAE   799487

*Dedicado aos sonhadores, sempre insatisfeitos,*
*sempre certos de que na próxima vez vai ser bom.*

*Dedicado aos executores, que sabem que o jeito*
*de fazer as coisas acontecerem é fazê-las acontecer.*

*Dedicado a meus leitores beta, que me fizeram*
*pensar que, talvez, este pudesse ser um livro.*

*Dedicado aos revisores do mundo.*
*Sem vocês, eu pareceria burra.*

*E, como sempre, dedicado a Amelie.*
*Porque é Amelie.*

# ELOGIOS À SEGUNDA EDIÇÃO

"Christina pegou meu livro favorito sobre os OKRs e o aprofundou com respostas às maiores dificuldades encontradas para aplicá-los ao mundo real. Obrigado mais uma vez!" – BRUCE MCCARTHY, fundador da Product Culture

"*OKR: Foco Total nos Resultados* é uma leitura obrigatória para quem quer obter resultados descomunais. Christina faz um ótimo trabalho e mostra tanto o porquê quanto o como dos OKRs. Para evitar os erros mais comuns, leia este livro primeiro." – TERESA TORRES, autora de *Continuous Discovery Habits*

"Tudo de bom que aprendi sobre OKRs foi com Christina Wodtke e *OKR: Foco Total nos Resultados*." – JEFF GOTHELF, autor de *Lean UX*, *Sense & Respond* e *Forever Employable*

"Mestre em concretizar, Christina oferece uma maneira totalmente focada de atingir metas com o uso disciplinado dos OKRs." – IRENE AU, sócia designer da Khosla Ventures

"Faz cinco anos que Christina publicou a primeira edição de *OKR: Foco Total nos Resultados*. O livro se tornou o favorito de milhares de pessoas que trabalham com produto e se esforçam para aprender a capacitar suas equipes e usar a técnica OKR. [...] Acho que vocês vão adorar [a segunda edição]. Ela vai inspirar vocês." – MARTY CAGAN, autor de *Inspirado: como criar produtos de tecnologia que os clientes amam*

"Com Doerr, Grove e Drucker, Christina Wodtke é uma das quatro pessoas que transformaram o OKR na ferramenta poderosa que é hoje. Com a segunda edição de *OKR: Foco Total nos Resultados*, ela continua a nos ensinar que o sucesso é uma questão de causar impacto, não de marcar caixinhas." – FELIPE CASTRO, fundador da OutcomeEdge

# ELOGIOS À PRIMEIRA EDIÇÃO

"Ocupar-se com trabalho sem propósito é a morte secreta de muitíssimas empresas novas. Nesta história memorável, Christina nos dá um vislumbre de um tipo mais satisfatório de startup – ainda difícil e caótica, mas cheia de propósito e com a oportunidade de construir algo grande." – JAMES CHAM, fundador da Bloomberg Beta

"Este é um livro que eu gostaria que fosse lido por todo empresário, designer, estrategista, profissional de marketing, estudante e criador de conteúdo com quem já trabalhei. É brilhante na capacidade de ensinar lições importantes e manter os leitores envolvidos com a história." – ABBY COVERT, arquiteta de informações do Etsy

"Finalmente, uma parábola com a qual consigo me identificar! A verdadeira mensagem é que os OKRs funcionam, e *OKR: Foco Total nos Resultados* é um excelente guia do mundo dos OKRs, facilitando sua implantação e ajudando a mostrar os resultados excepcionais que você busca." – DAVID SHEN, Launch Capital

"Recomendo *OKR: Foco Total nos Resultados* a quem quer construir não apenas grandes produtos, mas grandes empresas." – RYAN SHRIVER, diretor de tecnologia da SingleStone

"Na Nest, o vice-presidente comprou um exemplar para cada membro da equipe." – SCOTT RUFFNER, gerente de produto da Nest

"Este livro é útil, prático e realmente divertido de ler! Se quiser alinhar sua equipe em torno de metas reais e mensuráveis, *OKR: Foco Total nos Resultados* vai lhe ensinar a fazer isso com clareza e rapidez." – LAURA KLEIN, diretora da Users Know

"Alguém já me disse que 'os problemas são apenas oportunidades que não se apresentaram'. Desde que fui apresentado aos OKRs, eles têm sido uma ferramenta valiosa para mim e para nossa empresa. As ideias de Christina foram providenciais e me permitiram me orientar melhor na abordagem – tantas vezes ambígua – de estabelecer metas e, ao mesmo tempo, criar uma equipe mais aberta e responsável e construir um caminho mais claro para mim profissionalmente. Particularmente, não tenho como agradecer o suficiente pela orientação." – SCOTT BALDWIN, diretor de serviços da Yellow Pencil

"*OKR: Foco Total nos Resultados* ilustra como implementar os OKRs utilizando uma história envolvente, compacta e realista. O melhor é que Wodtke prova que os OKRs podem ser divertidos!" – BEN LAMORTE, OKRs.com

"Ótimo livro de uma renomada formadora de opinião sobre OKR, *OKR: Foco Total nos Resultados* é cheio de dicas fantásticas para implementar o OKR em sua empresa. É obrigatório para os interessados em usar OKRs para obter um desempenho revolucionário e construir uma cultura centrada em resultados." – FELIPE CASTRO, fundador da OutcomeEdge

"Ela me conquistou nas três primeiras páginas (da Introdução, sendo específico). Como estrategista de experiência do usuário há muito tempo, sou um grande defensor da ideia de formar metas reais e tangíveis e depois elaborar os passos que nos levarão a elas. Os OKRs são o mapeamento das ações que praticamos agora até os resultados que queremos mais tarde, e a abordagem narrativa de Wodtke para tornar prático aquilo que é abstrato é uma virada maravilhosa do conhecidíssimo método de escrever livros cheios de trivialidades e lições que ninguém recordará. Contar histórias nos atrai e faz as lições ficarem conosco." – ROBERT HOEKMANJR, estrategista sênior de inovação da Tangible UX

"Quando comecei na IKEA, gostei imediatamente da cultura de aprendizagem constante. Minha primeira conferência interna 'Level Up AGILE' foi com Christina Wodtke. Recomendo seu livro intitulado *OKR: Foco Total nos Resultados*. Tem dicas muito úteis para trabalhar com OKRs. Aplicamos com sucesso o que aprendemos no nosso trabalho cotidiano." – TOM HAVEMAN, chefe de engenharia de produto – entrega e serviços da IKEA

"Finalmente, li *OKR: Foco Total nos Resultados* de Christina Wodtke, depois de várias recomendações. Eis minhas principais lições:

- Muito bem escrito e de fácil leitura sobre um tema árido.
- Como qualquer outra estrutura, os OKRs não são uma fórmula mágica; é preciso foco e disciplina para cumprir o plano e executar as atividades mais importantes.
- 'Resolva os problemas que você tem, não os que imagina.' Por vezes, ficamos tão encantados por problemas possíveis ou aparentes que ignoramos os que estão bem à nossa frente.

O segredo do sucesso é se concentrar, em primeiríssimo lugar, no agora." – AMIT KUMAR, diretor de produto da Nicus Software, Inc.

"O equilíbrio entre a parte didática e a parte de fábula deste livro é muito bem-feito. O livro consegue explicar os fatos dos extremamente úteis OKRs e nos dá uma história para vermos como os diversos cargos da empresa os usam. Bônus: é curto (o último livro que li sobre OKR era longo demais)." – SCOTT WOZNIAK, presidente executivo da Swoz Leadership

"É uma leitura rápida. A história tem momentos de doçura. A explicação de como implementar e ter sucesso com os OKRs é incrível. Este é um livro bastante útil para as equipes que estão dando seus primeiros passos no caminho dos OKRs." – STEVE MACLAUGHLIN, vice-presidente de dados e análise da Blackbaud

# PREFÁCIO DA SEGUNDA EDIÇÃO

Faz cinco anos que Christina publicou a primeira edição de *OKR: Foco Total nos Resultados*. O livro se tornou o favorito de milhares de pessoas que trabalham com produto e se esforçam para aprender a capacitar suas equipes e usar a técnica OKR.

Muito se aprendeu sobre o tópico nos últimos cinco anos e não é segredo que muitas equipes de produto tiveram dificuldade para extrair o valor que esperavam da técnica dos OKRs. Por que isso aconteceu?

Lendo o livro de Christina, você perceberá que, na verdade, ele trata de dois tópicos principais.

O primeiro descreve uma cultura de empoderamento. Ela é fundamental para a primeira metade do livro, o estudo de caso fictício.

O segundo descreve a técnica OKR e como usá-la para empoderar suas equipes de produto utilizando problemas a serem resolvidos (os Objetivos) e passando o foco do trabalho para a resolução (os Resultados-Chave).

É tentador tentar aplicar a técnica OKR sem adotar o conceito mais amplo de equipe de produto empoderada. Aplicar uma técnica é fácil, mudar a cultura é difícil.

Infelizmente, o que muita gente não percebe é que essa técnica específica depende de uma cultura de empoderamento, tendo surgido em empresas que já tinham essa cultura.

Vi literalmente centenas de empresas que tentaram sobrepor a técnica OKR à sua cultura de comando e controle de cima para baixo. Nesses casos, o resultado é, ao mesmo tempo, previsível e nem um pouco bonito. É o chamado "Teatro OKR".

Alguns líderes entendem que, na verdade, o importante é a mudança cultural, mas esperam que aplicar a técnica OKR sirva de primeiro passo para a cultura de equipes empoderadas. Isso é como achar que se pode comprar um par de esquis de alto desempenho como primeiro passo para realmente aprender a esquiar. Comprar os esquis é a parte fácil, mas aqueles esquis de alto desempenho só serão úteis nos pés de alguém que já se esforçou para aprender a esquiar.

Acho que aqueles que estiverem dispostos a se esforçar para adotar uma cultura de empoderamento adorarão este livro. Ele servirá de inspiração e será o início da jornada.

Marty Cagan

# PREFÁCIO DA PRIMEIRA EDIÇÃO

## Quando o desempenho é medido pelos resultados

*Por Marty Cagan, fundador do Silicon Valley Product Group*

Tive a extrema sorte de começar a carreira de engenheiro na época áurea da Hewlett-Packard, quando a empresa era conhecida como o exemplo de inovação e execução coerentes mais duradouro e bem-sucedido do setor. Como parte do programa interno de treinamento administrativo de engenharia da HP, chamado "The HP Way", fui apresentado a um sistema de administração de desempenho chamado "APO" – Administração por Objetivos.

O conceito era simples e se baseava em dois princípios fundamentais. O primeiro pode ser facilmente resumido pela famosa citação do general George Patton: "Não diga aos outros como fazer as coisas. Diga o que precisa ser feito e deixe que o surpreendam com o resultado". O segundo estava contido no lema da HP naquela época: "Quando o desempenho é medido pelo resultado". A ideia é que é possível lançar todos os recursos desejados, mas, se eles não resolverem o problema subjacente dos negócios, na verdade você não resolveu nada.

O primeiro princípio trata de como motivar o pessoal para que faça seu melhor trabalho, e o segundo de como medir o progresso de forma significativa.

Muito mudou desde minha época na HP. A tecnologia está drasticamente mais avançada, a escala e o alcance dos sistemas que construímos são exponencialmente maiores, as equipes avançam muito mais depressa, em geral com qualidade e desempenho superiores, tudo alcançado a uma fração do custo. No entanto, esses dois princípios da gestão de desempenho ainda estão na base de como as melhores empresas e equipes operam.

Com o passar dos anos, o sistema APO foi refinado e aprimorado em várias empresas, mais notadamente na Intel, e hoje o sistema primário de gestão de resultados que usamos se chama sistema "OKR" – *Objectives and Key Results*; em português, Objetivos e Resultados-Chave.

Infelizmente, outra coisa que não mudou é que a maior parte das equipes ainda não opera com esses princípios.

Em vez disso, com demasiada frequência grupos de executivos e outros interessados aparecem com o "roadmap" trimestral de recursos e projetos e os passam às equipes de produto, dizendo-lhes, em essência, como resolver os problemas subjacentes da empresa. As equipes só estão lá para concretizar os detalhes, programar e testar, com pouca compreensão do contexto maior e menos crença ainda de que essas sejam, de fato, as soluções corretas. O mais comum é que as equipes de hoje sejam fábricas de recursos, com pouca atenção ao fato de esses recursos realmente resolverem ou não os problemas subjacentes da empresa. O progresso é medido pela produção, não pelo resultado.

Este livro pretende ajudar todas as empresas a começarem a operar como as melhores. Vi essas técnicas serem implantadas com sucesso em empresas de até 60 mil funcionários ou em startups de três pessoas. Pequeno ou grande, se você se esforçou muito para contratar pessoas inteligentes, este sistema vai ajudá-lo a liberar o potencial delas.

# INTRODUÇÃO DA SEGUNDA EDIÇÃO

Enquanto escrevo esta introdução, faz quase cinco anos que *OKR: Foco Total nos Resultados*, livro pioneiro sobre a abordagem OKR, foi publicado pela primeira vez. Escrevi "The Art of the OKR" (em português, "A arte do OKR"), a postagem no blog que me colocou nessa rota, em 2014. Muita coisa mudou desde que escrevi aquela postagem. Já dei dezenas de palestras e ajudei mais de cem clientes. Nem ouso palpitar quantas conversas já tive sobre OKRs e vi as variadíssimas dificuldades enfrentadas quando as pessoas tentam cumprir suas metas. Faz tempo que existem métodos para estabelecer metas e a maioria das pessoas já ouviu falar dos KPIs e das metas SMART em algum momento da carreira. O que há de novo nos OKRs é que eles vêm com uma estrutura para realmente cumprir as metas estabelecidas.

Quando escrevi a primeira edição, eu pensava nas startups. Só tinha visto os OKRs darem certo em empresas pequenas que tinham encontrado espaço de mercado e produto e tentavam crescer. Contudo, os telefonemas que recebi eram de empresas de todos os tamanhos, de consultorias de um homem só a colossos como Pepsico e Walmart. Desenvolvi novas abordagens dos OKRs para lidar com os ambientes heterogêneos com que trabalhava, mas o núcleo dos OKRs – uma meta focada, inspiradora e mensurável, acompanhada com regularidade – nunca mudou. Os OKRs energizaram grupos de P&D, ajudaram pequenas equipes de intraempreendedores[1] a explorar novos mercados e alinharam vários esforços de inovação espalhados por muitos departamentos. Os OKRs funcionam para qualquer um que queira fazer mais do que os negócios de sempre.

No entanto, ao lado da popularidade da metodologia dos OKRs, surgiram grupos que decidiram que lucrariam com eles sem mudar o trabalho que já era feito. Empresas de software mudaram o nome de suas abordagens da gestão de projetos e as chamaram de software de OKR, mesmo que os OKRs sirvam para monitorar resultados e não os roadmaps de táticas que uma equipe pode experimentar (admito que fazer os dois seria melhor). Consultores cobraram de empresas para ensinar a "fazer OKRs direito", mas muitas vezes eles não entendiam o que realmente faz os OKRs funcionarem. Pior ainda, alguns consultores estavam dispostos a diluir elementos da estrutura OKR assim que o cliente recuasse nos aspectos mais difíceis dos OKRs. Por fim, muitas postagens autoelogiosas em blogs, falando de OKRs praticados e Resultados-Chave que eram tarefas, dificultaram a visibilidade da metodologia. Em certos dias, parecia que as coisas que fazem os OKRs funcionarem eram exatamente as primeiras a serem descartadas.

Desde 2014, dei aulas em meu novo cargo na Universidade de Stanford, escrevi *Pencil Me In*[2] e depois *The Team that Managed Itself*, que explica as outras duas bases da abordagem bem-sucedida da administração. Líderes demais me pergun-

---

1. Empreendedores são startups; intraempreendedores são startups dentro de uma empresa existente.
2. Um livro sobre Pensamento Visual que ensina a desenhar e a desenhar muitas abordagens fundamentais dos negócios, como storyboards, diagramas e o queridinho dos consultores, os 2×2.

taram como fazer a revisão de desempenho com os OKRs, e, depois de conversar com eles, percebi que há uma escassez de livros fáceis de ler sobre boas práticas administrativas. Apesar disso, depois de publicá-lo, percebi que estava na hora de retornar aos OKRs.

É cedo demais para uma segunda edição? Temo que seja quase tarde demais. Está na hora de definir as ideias centrais que fazem os OKRs funcionarem tão bem e sugerir maneiras de usá-los com eficácia de formas não tradicionais. Temo que os OKRs acabem nos montes de lixo da moda administrativa, ao lado da programação extrema e do Seis Sigma.

Não mudei muito o estudo de caso fictício, mas a segunda parte do livro é duas vezes maior e contém conselhos tanto para startups quanto para corporações gigantescas.

Espero que esta segunda edição ajude você a aprender quais aspectos dos OKRs são importantes, a saber onde mudar a metodologia para se adequar à sua cultura e, principalmente, a atingir as metas estabelecidas. A vida é curta demais para começar a trabalhar em seus sonhos "amanhã", porque o amanhã nunca chega. Seria melhor começar a trabalhar para atingir suas metas hoje.

# INTRODUÇÃO DA PRIMEIRA EDIÇÃO

*Todo escritor publicado passa por isso: as pessoas que chegam e dizem que "Tiveram Uma Ideia!". E, rapaz, é bizarro. É tão bizarro que eles interrompem você com isso. A proposta é sempre a mesma: eles vão lhe contar a ideia (a parte difícil), você escreve e transforma num romance (a parte fácil), e vocês dois dividem a grana meio a meio. – Neil Gaiman, "Where Do You Get Your Ideas?"*

Em meus anos no Vale do Silício, tive uma experiência parecida com a de Neil Gaiman: eu me encontrei com um novo empreendedor com uma "grande ideia" e ele me pediu que assinasse um termo de confidencialidade. Em geral, o termo de confidencialidade obriga as partes a não falar sobre as ideias nem copiá-las. Esses garotos estão convencidos de que sua ideia é tão preciosa e extraordinária que o trabalho difícil já foi feito. Agora só resta programar!

Normalmente, recuso. As ideias, como os termos de confidencialidade, não valem o papel onde são impressas.

Quase nunca ouço uma ideia nova. Na verdade, é raro eu ouvir uma ideia que já não tive, a menos que seja num setor que eu não conheça bem. Não é porque eu seja um gênio (não sou). É que ter ideias é muito mais fácil do que você pensa. O difícil, muito difícil, é passar da ideia à realidade. É difícil encontrar a forma certa da ideia. A forma que permita que os consumidores vejam seu valor, entendam como interagir com ela e se sintam empolgados a ponto de pagar por ela. Isso é tão difícil que, em geral, é preciso uma equipe de pessoas para conseguir. E é aí que o nível de dificuldade sobe ainda mais. De repente, você tem de dar um jeito de contratar as pessoas certas, conseguir que todas se concentrem na coisa certa e assegurar que ninguém esqueça por que se reuniram originalmente, neste mundo cheio de outras coisas interessantes (e lucrativas) para fazer.

Ainda assim, de algum modo, há quem consiga lutar contra as muitas probabilidades contrárias para que a ideia tome forma. Como é que fazem, quando tantos não conseguem passar do "Tive Uma Ideia!"?

Não é importante proteger a ideia. O importante é proteger o tempo necessário para torná-la real.

É preciso um sistema que mantenha você e sua equipe concentrados na meta quando o mundo parece decidido a lhes mostrar outras coisinhas brilhantes.

O sistema que uso é formado por três partes simples. Um: estabeleça metas inspiradoras e mensuráveis. Dois: garanta que você e sua equipe estejam sempre avançando rumo a esse estado final desejado. Não importa quantas outras coisas haja para fazer. E três: estabeleça uma cadência para garantir que o grupo se lembre do que está tentando realizar e todos cobrem uns aos outros.

## Metas inspiradoras e mensuráveis

Uso os OKRs para estabelecer metas. Tratarei deles com detalhes no decorrer do livro. Em resumo, esse sistema se originou na Intel e é usado em lugares como Google, Zynga, LinkedIn e General Assembly para promover o crescimento rápido e sustentável. A letra *O* significa *Objective* – em português, Objetivo – e *KR* são os *Key Results* – em português,

Resultados-Chave. O Objetivo é o que você quer fazer (por exemplo, lançar um jogo de sucesso), e os Resultados-Chave são como você sabe que o atingiu (25 mil downloads por dia, receita de 50 mil dólares por dia). Os OKRs são estabelecidos todo ano e/ou todo trimestre e unem a empresa por meio de uma visão.

O Objetivo é inspirador e motiva as pessoas que não curtem números. Para aqueles que adoram, os Resultados-Chave mantêm o objetivo real. Sei que tenho um bom Objetivo quando pulo da cama de manhã ansiosa para que se realize. Sei que tenho os Resultados-Chave certos quando também sinto um pouco de medo de não alcançá-los.

## Ligar ações a metas

Quando comecei a aprender os sistemas de produtividade, ouvi falar da matriz Importante/Urgente. São dois eixos simples com quatro quadrados. O primeiro eixo é importante e desimportante. O segundo, urgente e não urgente. Devemos dedicar tempo ao importante e urgente, e dedicamos. Devemos dedicar tempo ao importante e não urgente, mas *não* ao desimportante e urgente… ainda assim, o urgente sempre parece tão… urgente! Mentalmente, é bem difícil largar as coisas que não importam (principalmente quando alguém nos enche o saco). Assim, uma solução é dar prazo às coisas que são importantes, mas não urgentes, tornando-as urgentes.

Vou começar com um exemplo pessoal. Digamos que você esteja pensando em contratar um *personal trainer* porque odeia ir à academia. Semanas se passam e isso nunca acontece. Você pode tentar fazer da sua saúde o Objetivo de um trimestre, e os Resultados-Chave envolveriam massa muscular, peso e bem-estar emocional. Toda segunda-feira, você estabelece três tarefas a cumprir para atingir a meta. Uma pode ser "ligar para um *personal trainer*". Em seguida, você procura alguém para te lembrar da responsabilidade. Um amigo, um *coach* ou o cônjuge são boas escolhas. Agora, se não cumprir, você será cobrado por alguém.

Num exemplo profissional existem várias possibilidades, desde otimizar um banco de dados para criar um site mais rápido e aumentar a satisfação do cliente a refazer todo o seu material com a nova marca de modo que a empresa não pareça pouco profissional. Os OKRs estabelecem metas. As prioridades semanais lembram você de cumpri-las.

Do mesmo modo, se revisar as prioridades toda semana, você descobrirá quais condições lhe permitem atingi-las. E, o mais valioso: o que impede você de fazer as coisas. Na minha experiência, muita gente acaba em dois campos de estimativas erradas: os que pensam que conseguem fazer tudo e superestimam constantemente o que realizarão e os que se subestimam. Como gestor, saber quem é quem me permite saber quem empurrar e quem questionar. Do mesmo modo, o acompanhamento faz o funcionário aprender a se conhecer melhor, um resultado bom por si só.

## Cadência

Começar toda semana estabelecendo prioridades públicas é poderoso. Você se compromete com a equipe e ela com você, a fim de fazer o Objetivo acontecer. Na sexta-feira, uma comemoração do que foi realizado é a outra ponta da semana da equipe de alto desempenho. Essa cadência de compromisso/comemoração cria o hábito de executar.

## Cuidado com os gregos que jogam pomos de ouro

Quando eu era criança, um dos meus mitos gregos favoritos era o de Atalanta. Ela era a corredora mais veloz de Esparta e não pretendia se casar. O pai, sendo pior do que um homem medieval – no caso, um grego antigo –, não concordava com isso e criou um concurso em que os rapazes fariam uma corrida para ganhar sua mão em casamento. Ela implorou para correr também e manter sua liberdade. O pai concordou para acalmá-la, achando que ela nunca venceria.

No dia da corrida, ela foi tão extraordinariamente veloz que poderia ter vencido. Só que Hipomenes, um rapaz esperto, conseguiu arranjar três pomos de ouro e os lançava na direção dela toda vez que ela começava a ultrapassá-lo. Então, ela parava para pegar os pomos, e Hipomenes a venceu por um fio de cabelo. Ah, se ela tivesse estabelecido metas claras e as seguisse, talvez estivesse governando a cidade, livre, leve e solta!

Toda startup encontrará pomos de ouro. Talvez seja a oportunidade de subir no palco de uma conferência importante. Talvez um grande cliente peça que mude seu software para ele. Talvez seja a maçã envenenada do mau funcionário que o distrai enquanto você quebra a cabeça, sem saber o que fazer com ele. O inimigo da startup é o tempo, e o inimigo da execução no prazo é a distração.

Estabelecendo boas metas e se comprometendo a trabalhar focado nelas toda semana, sem esquecer de comemorar as vitórias, a empresa pode ter um crescimento orientado e extraordinário. Não importa o tipo de fruta que venha rolando pelo caminho.

## O conto do executor

Meu livro é uma fábula sobre uma pequena startup que quase não sobreviveu. Hanna e Jack começam como sonhadores. São muito bons em ter ideias no início. Também são bons em esperar que tudo dê certo. Logo descobrem que só a boa ideia não basta; precisam de um sistema para fazer os sonhos se realizarem.

Ao final do conto, eles não são mais só sonhadores. São executores.

# SUMÁRIO

Disponibilizamos para consulta e download no
site da Conecta, a plataforma de conteúdos digitais
da Saraiva Educação, uma ficha de trabalho elaborada
pela autora. O material pode ser acessado através
do *link* ou do *QR Code* a seguir.

https://somos.in/OKRFTR1

# O CONTO DO EXECUTOR

Hanna estava sentada à mesa, curvada sobre o teclado. O cabelo chanel preto e brilhante escondia seu rosto do resto do escritório. Para eles, talvez, parecia que a jovem CEO estava concentrada no monitor. Examinando, quem sabe, os números do último trimestre, que não eram como deveriam ser. Contudo, ela não olhava nenhum número na planilha do Excel que abrira. As mãos estavam pousadas ao lado do teclado, e só ela sabia o quanto tentava não cair de cara sobre ele. Como é que chegara àquele ponto?

A empresa tinha um mercado viável, mas não conseguia descobrir como escapar de seus malditos hábitos e ocupá-lo. Seu sócio era um baita reclamão. O novo diretor de tecnologia era um cultuador da metodologia, e ela teria de demitir alguém pela primeira vez em sua curtíssima carreira.

Ah, por que ela inventou de ser empreendedora?

## Seis meses atrás...

Era uma vez uma startup.

Essa startup tinha a visão de levar deliciosas folhas de chá artesanal a bons restaurantes e cafés criteriosos.

Eram dois os fundadores, Hanna e Jack. Hanna era da primeira geração de americanos de origem chinesa e amava o chá que crescera tomando na casa dos pais. Durante anos, a mãe teve um pequeno restaurante no centro de Phoenix, no Arizona, e a família dava importância à boa comida e ao bom chá. Ela estudou Administração na Universidade de Stanford e não conseguiu achar um bom chá em Palo Alto. Hanna já tinha perdido a esperança de tomar uma bela xícara de Longjing depois de uma boa refeição.

Jack era britânico e se sentia péssimo em cafés que sabiam preparar um ovo poché com perfeição, mas achavam que Earl Grey era uma pessoa e não um chá. Jack também estava em Stanford, estudando o projeto de interação entre seres humanos e computadores. Amava a tecnologia que lhe permitia levar menos livros na mochila e criava um corretor ortográfico que resolvia sua má digitação. Não obstante, seu limite era o chá em saquinhos. Ele não os considerava um progresso.

Hanna e Jack se conheceram no café da livraria da universidade. Jack reclamava em voz alta do chá em saquinhos. Hanna, na fila atrás dele, riu e lhe mostrou a lata de chá verde que tinha na bolsa. Logo ficaram amigos. Hanna sabia desde menina que seria empresária. Vinha de uma família de empreendedores. Além do restaurante da mãe, o pai tinha uma firma de contabilidade, e a tia de Hanna abrira seu escritório de advocacia. O empreendedorismo estava nos genes. Ela só soube que tipo de empresa queria abrir quando conheceu Jack. Eles concordaram em fazer um curso de empreendedorismo na primavera do último ano de faculdade, e depois da formatura estavam prontos.

Jack e Hanna sabiam que havia muitos excelentes produtores de chá. Assim, decidiram fazer uma ponte entre pessoas que produziam chás excelentes e bons restaurantes e cafés que eram esnobes quanto ao café, mas indiferentes quanto ao chá. Deram à nova empresa o nome de TeaBee. E, por terem estudado em Stanford e conhecerem as pessoas certas, conseguiram levantar um pequeno capital para começar.

Hanna assumiu o título de CEO e Jack, o de presidente. No entanto, na verdade, Hanna era dona da empresa, e Jack, do produto. Eles encontraram um pequeno escritório perto da famosa rodovia Highway 101, onde os aluguéis não eram muito altos, e passaram seis meses felizes organizando o escritório e distribuindo chá em eventos de tecnologia. Contrataram alguns engenheiros e Jack fez um site muito bonito onde os compradores encontrariam os produtores de chá e poderiam encomendar chás deliciosos. Hanna fechou algumas vendas com restaurantes locais. Jack convenceu Hanna a contratar um designer visual autônomo para criar um logotipo instigante e eles até conseguiram um diretor financeiro de meio período para manter as contas equilibradas. O escritório zumbia baixinho com a digitação nos teclados e o murmúrio das vozes.

Porém, eles começaram a se sentir um pouco inquietos. Embora ainda tivessem dinheiro suficiente para mais um ano antes de precisarem de outra rodada de financiamento, eles ainda se preocupavam com a demora para criar mercado. Muitos pequenos produtores de chá se inscreveram, mas poucos compradores. Um mercado desequilibrado assim não é lucrativo. Como bons fundadores, eles decidiram sair para tentar vender mais chá e aprender mais sobre a psicologia dos compradores.

Certo dia, Hanna voltou ao escritório com um pedido muito grande de uma empresa distribuidora de insumos para restaurantes. Esse distribuidor vendia chá a todo tipo de restaurante, grandes *e* pequenos, além de enlatados, não perecíveis e café. Jack ficou ao mesmo tempo feliz e apreensivo. Ficou feliz de ver tanto dinheiro prestes a entrar no negócio, mas esse não era "o plano". Eles estavam ali para conectar a alta gastronomia ao bom chá! Esse distribuidor se preocupava com o chá? Com sua qualidade?

— Jack – disse Hanna com um suspiro. – Os restaurantes não querem abrir conta conosco. Somos novos demais. Eles não têm confiança. Os distribuidores estão mais dispostos a experimentar e levarão nosso chá aos restaurantes. Os produtores ainda conseguirão seu aumento nos negócios. Vamos ver onde isso vai dar.

## Hanna encontra outro ótimo cliente

Alguns dias depois, Hanna usou a agenda da mãe para fechar negócio com mais um distribuidor para restaurantes. Ela estacionou em frente ao escritório e ficou um pouco no calor do carro, a mão na chave ainda na ignição. A missão da TeaBee era "Levar um excelente chá a quem adora". Talvez não fosse a missão mais instigante, mas era clara, pensou ela. Importava mesmo se vendesse a um restaurante ou a uma empresa que fornecia a restaurantes? Não devia, decidiu. Enfiou a chave no bolso e entrou no escritório.

O escritório estava aquecido pelo mesmo sol que fazia do carro um lugar ruim para se esconder. Hanna largou o blazer nas costas da cadeira Herman Miller. Eles tinham comprado as famosas cadeiras, além de alguns quadros brancos, na liquidação de uma startup que ficou sem dinheiro. Todas as startups são construídas com os resquícios de fracassos anteriores. A sede do Google já foi do Netscape, e antes tinha sido da Silicon Graphics. Era preciso ser maluco ou otimista para ignorar a prova de que a probabilidade de sucesso de abrir uma nova empresa só era um pouquinho maior do que a de ganhar na loteria, e Hanna imaginou que ela e Jack eram uma mistura dos dois.

Ela encontrou Jack nos fundos, onde tinham colocado uma mesa comprida. A equipe almoçava lá e fazia reuniões improvisadas quando a única sala de reunião estava ocupada. Jack estava ao lado da nova designer que acabara de contratar. Ann? Não, Anya. Jack se curvava para conversar mais facilmente com ela. Ele media cerca de 1,85 m e parecia se elevar bastante diante do 1,63 m de Anya. Hanna se juntou a eles, e Jack se endireitou um pouquinho com um suspiro.

Diante deles, na mesa, havia várias caixas de papelão com rótulos de cores diferentes.

— Hanna, dê uma olhada. Acho esse azul muito lindo, mas tenho medo de não aparecer na prateleira. O alaranjado é mais forte, mas talvez não seja uma cor apetitosa. O azul é incrivelmente confiável.

Jack ficaria horas falando sobre cores. Acrescente tipologias e dava para perder metade do dia. Hanna não entendia por que ele tinha achado necessário contratar uma designer. Jack parecia competente o bastante, mas ele insistiu que não era sua praia, e ela cedeu. Anya empurrou uma caixa vermelho-escura.

— Hmm, é, a vermelho-escura é legal – disse Hanna. – Tenho certeza de que vocês dois têm tudo sob controle. Jack, eu só queria te avisar... Fechei com a Brightwater Supplies. Eles cobrem de Modesto a Fresno.

Jack franziu a testa.

— Fresno fica... ao norte?

Hanna deu uma gargalhada.

— Ao sul! Você tem de vir comigo na próxima vez que eu for ao Vale.

Ela empurrou as bonecas da embalagem e pôs o contrato na mesa diante de Jack. Alisou o documento quase com carinho. Jack deu uma olhada. Os números eram... impressionantes. Maiores do que todos os negócios que tinham fechado até então.

— Ei, isso aqui. – Ele apontou um ponto do contrato em que linhas tinham sido riscadas e uma nova parte escrita. – O que é isso sobre não usar o site?

— É trabalho demais para eles.

— Bobagem! Eu fiz o teste de usabilidade.

— Eles olharam e não gostaram. Não entre em pânico. Você pode ir visitá-los comigo daqui a quinze dias, quando faremos a confirmação. Eu mesma digito os pedidos até você ver as mudanças que terá de fazer. Talvez possa pedir a Erik que programe uma API para se integrar ao sistema deles. Eles compram muito chá, e compram regularmente.

Jack não parecia convencido.

— É um monte de dinheiro, e eu mesma farei o trabalho. – Hanna inspirou fundo. – Volte ao trabalho e não se estresse.

Aborrecida, ela foi até a copa preparar uma xícara de chá. Esperava que Jack ficasse empolgado. Era dinheiro. E dinheiro regular, em enorme quantidade. Porém, ele agiu como se ela tivesse trazido os mantimentos, mas esquecido o leite. No entanto, ela se sentiu melhor assim que entrou na cozinha, cheia de amostras de chá dos produtores, pois sempre adorava poder escolher. Ela examinou uma pilha de amostras de chá verde de uma fazenda no estado de Washington que tinha visitado na semana anterior. Fechou os olhos e aproximou o nariz do saco, inalando o aroma do chá, doce como grama seca esmagada pelos pés numa caminhada. Então, percebeu que não estava sozinha.

— Tudo bem, agora estou sem graça – disse ela, virando-se para Jack.

Ele ergueu as mãos.

— Ah, não tem importância. Todos fazemos isso. O produto da Tenzo é top. – Ele ligou a chaleira elétrica e pegou outra caneca na prateleira. Apoiou-se no balcão e cruzou os braços. – Não sei se gosto desse pessoal.

— Esse pessoal?

— Os distribuidores. Colocam Lipton nos restaurantes três estrelas. Não se *importam*.

— Ah, isso não sei. Eles fornecem o que os restaurantes querem. Eu os convenci de que bons restaurantes querem chá bom. É só desenvolvimento de clientes. – Ela deu de ombros.

— O foco de uma startup é fazer as coisas do jeito certo. Produto excelente com embalagem excelente vendido a clientes excelentes. Não fazer as coisas do jeito que todo mundo faz.

— Achei que o foco de uma startup era encontrar o encaixe Produto-Mercado para crescer e beneficiar as pessoas que dependem dela.

A luz da chaleira acendeu, e Jack se serviu.

— Sim, sim, é isso que os livros didáticos dizem. Não importa se você consegue vender quando vende lixo. – Ele girou o infusor de chá para dar ênfase. – Essa é a nossa oportunidade de fazer a *diferença*. Podemos tornar ainda mais extraordinárias as experiências extraordinárias. Sei que você está preocupada com o faturamento. Só não esqueça qual é nossa razão de existir. – Ele saiu da copa sem esperar resposta.

Faltam *só* dez meses para ficarmos sem dinheiro, a não ser que fechemos mais vendas, pensou Hanna. Se o chá é bom e o dinheiro é bom, qual é o problema?

## Hanna sugere uma mudança de rumo

Algumas semanas depois, Hanna puxou Jack para a sala de reunião. A sala não tinha nada de especial. Era do tamanho de uma caixa de sapatos, pintada do tom de branco que os proprietários de conjuntos de escritórios gostam. Três das quatro paredes tinham quadros brancos velhos, marcados com vestígios de anotações feitas por inquilinos anteriores. Hanna achava as lâmpadas fluorescentes um pouco desagradáveis, mas pelo menos elas não piscavam. Ela estivera em muitas salas como aquela nos dois anos que passou como consultora, entre a faculdade e a pós-graduação. As luzes que ficavam piscando a deixavam maluca. Além de incomodar, eram um sinal de que os donos eram negligentes ou distraídos demais para resolver o problema. Ela as considerava um presságio do fim.

Ao entrar na sala de reunião bem iluminada, eles encontraram Erik, o principal programador. Ele gostava de se sentar na sala sem janelas para programar.

— Ah, Erik, precisamos da sala.

— Só um segundo...

Erik não ergueu a cabeça loura platinada do notebook. Mais alto do que Jack, mas muito mais magro, o corpo esguio formava um ponto de interrogação sobre o computador prateado brilhante.

— Dê o fora, Erik – disse Jack, sem grosseria, mas com firmeza.

— Estou indo... Estou me levantando... Estou andando.

Erik se levantou, equilibrando o notebook no braço, às vezes apertando uma tecla. Saiu sem tirar os olhos da tela.

— Por que ele se esconde aqui?

Hanna estava irritada. Esperava que Jack já soubesse o que ia lhe falar, mas também tinha a má sensação de que ele não sabia.

Jack deu de ombros.

— Ele precisa se concentrar. De qualquer modo, ele é bom, e ainda não temos um diretor de tecnologia.

Isso lembrou Hanna de outro problema. Tecnicamente, encontrar um diretor de tecnologia estava na lista de afazeres de Jack. Só que, para Hanna, parecia que Jack não se interessava por nenhuma parte da empresa que não fosse o design, e ela se perguntou se teria de acrescentar aquilo à sua própria lista. Ela mordeu o lábio.

Eles puxaram cadeiras numa das pontas da mesa de reuniões comprida formada por dois balcões de cozinha de madeira da IKEA que Jack, Erik e Cameron, o desenvolvedor de front-end, tinham montado num fim de semana, formando uma mesa bonita e barata. Infelizmente, não deram acabamento, e tudo o que era derramado nela deixava histórias. Hanna esfregou com o dedo uma mancha de café enquanto imaginava como explicar o que pensava. A mancha não saiu.

Jack esperou. Ele sabia ficar em silêncio.

— Jack, fiz várias vendas recentemente para distribuidores. — Hanna fez uma pausa, e Jack cruzou os braços. Tudo bem, não seria muito fácil. — Cada venda foi o equivalente a fechar com dez a vinte restaurantes. Porque é a quem eles servem. Tenho inserido os números para a Aramaxx, e eles estão trazendo muitos negócios para os produtores de chá. A Jefferson Supplies dobrou o pedido. Tem sido muito bom. A Tenzo Farms está falando até em contratar!

Parecia que Jack ia se enrijecendo enquanto ela olhava para ele. Hanna realmente esperava que ele adivinhasse aonde ela queria chegar. Mas temia que ele já tivesse adivinhado – e não gostado da ideia. Continuou, então.

— É um negócio muito melhor. O ciclo de vendas é igualmente longo, mas os distribuidores estão dispostos a experimentar. Ao contrário dos restaurantes e cafés, que, depois de cinco ou dez reuniões, só querem que voltemos quando já estivermos há algum tempo no negócio. Acho que temos as provas de que precisamos. Acho que está na hora de pivotar.

Nas aulas de empreendedorismo, eles aprenderam que o pivô é uma mudança de tática sem mudar a estratégia. Hanna sentia intensamente que isso precisava acontecer. Ainda levariam um chá excelente aos consumidores, só precisavam usar as relações pré-existentes dos distribuidores para conseguir.

Jack balançava as pernas, nervoso.

— Olhe, entendo o ciclo de vendas. – Ele parecia satisfeito consigo por usar o jargão administrativo. – Mas acho que os distribuidores para restaurantes, depois de acostumar os produtores, vão tentar baixar os preços. E se forçarem o pessoal a baixar a qualidade? E se eles fizerem lixo?

Hanna o repreendeu.

— Resolva os problemas que você tem, não os que imagina. – Ela ouvira isso centenas de vezes da mãe, e riu de si mesma por dizer a frase agora. – Jack, está dando certo. Os produtores de chá estão ganhando dinheiro. Estamos começando a ganhar dinheiro. E os distribuidores também vão depender de nós. Se for bom para todos, eles não podem nos forçar a fazer coisas em que não acreditamos.

Jack fez uma pausa e fechou os olhos um segundo. Ela viu os olhos dele se moverem sob as pálpebras, como se sonhasse. Às vezes ele fazia isso quando trabalhava num design. Era como pensava num problema até o fim. Ele abriu os olhos.

— O rótulo de quem vai nas caixas?

— Está falando sério? – Os olhos dela se arregalaram. – Isso é uma preocupação?

— Trabalhamos muito nisso. Precisamos da presença da marca. Como a Intel nos notebooks. Isso a fez crescer. Você não pode se contentar em ser um molho secreto!

— Não sei o que eles estão pensando sobre a embalagem. Não pediram que mudássemos. – Ela deu de ombros.

— Hum. Bom. Entendo.

O tom de voz dele não convenceu Hanna de que ele entendia. Ela observou que ele rangia os dentes.

— Acho que faz sentido nos concentrarmos nos distribuidores.

Só que ainda havia essa dança relutante dele em torno da ideia. Em seguida, viria o "mas".

— Mas, veja, você não sabe, nem eu, como será trabalhar com esses caras.

E, sem mais fatos, Hanna não soube o que dizer. Não podia discutir com temores nebulosos e ansiedades vagas. Então, teve uma ideia.

— Vamos conversar com Jim.

Jim Frost foi o primeiro anjo que investiu neles. Era um veterano do Vale do Silício e tinha visto muitas empresas naufragarem e algumas terem sucesso. Era sábio, cheio de boas ideias e, se houvesse alguém capaz de ajudá-los, seria ele. Jack e Hanna tinham aprendido a confiar nele, que lhes apresentara seu programador principal e estava à caça de um diretor de tecnologia para eles.

Jack pensou um segundo na sugestão e fez que sim.

— Outro par de olhos sempre é bom.

## Jim atende no Starbucks

Jim Frost gostava de fazer suas reuniões no Starbucks. Adorava o Starbucks. Era o tipo de história do lixo ao luxo que qualquer investidor adoraria. O Starbucks começou levando café de alta qualidade, estilo europeu, ao Pike Place, a feira livre de Seattle, e cobrando o triplo do preço por uma xícara. O café costumava ser enorme e custar um dólar. Agora, era uma única xícara, uma só origem e custava três. O Starbucks inventou um mercado e tomou conta dele. Agora havia um Starbucks em cada esquina, e Jim podia tomar seu café até em aviões. Ele gostaria de ter investido na empresa. E sonhava em conhecer o empreendedor do próximo Starbucks.

O compromisso seguinte de Jim veio do balcão com expressos na mão. Ele se levantou e os chamou com um aceno. Os dois fundadores se sentaram. Dan era um indiano magro, Fred um louro-arruivado e sardento com uma cintura de quem se alimenta de Doritos e Coca-Cola.

Jim os escutou falar sobre a última mudança de direção. A quarta em dezoito meses. Quando os financiara, eles faziam acompanhamento de dietas. Depois, vieram os cardápios *gourmet* saudáveis. Agora, se concentravam em receitas saudáveis. Jim sufocou um suspiro enquanto os empreendedores fingiam empolgação com o novo rumo.

— Nossos usuários beta adoram o site! – dizia Dan, sem nenhuma empolgação real em sua voz.

Fred fitava o café como se fosse uma bacia de vidência. Nem tentou olhar Jim nos olhos. A paixão que os dois tinham levado à ideia original naufragara nas rochas do mercado desinteressado. Fred, principalmente, adorava a tecnologia usada pelo acompanhador. Agora isso tinha acabado, e ele se via forçado a programar um site ao qual não dava importância. Parecia cansado. E vários quilos mais gordo. Dan estava tão preso a seu modo agitado que não reconheceu que estava na hora de desligá-lo e encarar os problemas com franqueza.

Alguns empreendedores ficam sem dinheiro. Outros, sem ânimo, pensou Jim. Esses sujeitos estavam caminhando para as duas coisas.

Jim apertou as mãos dos dois, dizendo adeus tanto a eles quanto ao investimento. Quando a equipe perdia o ânimo, não havia razão para despejar mais dinheiro.

Quando viu o Honda Civic de Hanna parar no estacionamento, Jim pensou nesses jovens empreendedores. Hanna e

Jack estariam no lugar de Dan e Fred dali a alguns trimestres? Ou seriam o Starbucks?

## Jack realmente detesta o Starbucks

Eles tinham de se encontrar num Starbucks perto do escritório de Jim, o que sempre fazia Jack ter pequenos colapsos silenciosos por dentro. O pequeno shopping center que o abrigava também tinha um supermercado Safeway, um posto de gasolina da Shell Oil, uma taqueria e um restaurante *kaiseki* surpreendentemente bom. O Starbucks representava tudo o que Jack achava esquisito e confuso no Vale do Silício. Por que os capitalistas de risco sempre querem se reunir no Starbucks, quando existem cafés melhores e chás muitíssimo melhores para se tomar? Por que um restaurante com estrela do guia Michelin escolheu se instalar em um pequeno shopping? Quem precisa de um estacionamento tão grande? Ele nunca o vira mais do que meio cheio.

Hanna estacionou seu velho Civic com facilidade numa vaga à frente e saiu com as chaves no bolso antes que o motor parasse de tremer. Jack a seguiu obedientemente.

Ver Jim o alegrou um pouco. Jim estava sentado no pátio dos fundos, onde geralmente fazia reuniões. Tinha cinquenta e tantos anos. Era um ex-executivo da Intel que construíra duas startups muito bem-sucedidas e depois passou a ser investidor-anjo. Seu rosto enrugado contava mais histórias de sorrisos em campos de golfe ensolarados do que do estresse das noites viradas, embora a vida o tivesse concedido mais destas últimas do que dos primeiros. Ele se levantou, apertou as mãos de dois rapazes vestidos com camisas sociais azuis e calças cáqui idênticas. O fim de uma reunião, então, pensou Jack.

Hanna tocou seu braço de leve, para segurá-lo.

— Não estou com muita vontade de fazer a social — murmurou ela.

Eles desaceleraram o passo, e os outros empreendedores foram embora. Jack e Hanna se sentaram e cumprimentaram Jim. Jack sentiu que a cadeira ainda estava quente. Explicaram a Jim sobre a ideia do pivô.

Jim se recostou e passou o dedo de leve na borda do duplo expresso. Toda vez que se encontravam, ele estava tomando café. Ainda assim, sempre parecia calmo, como se tivesse acabado de sair de uma aula de yoga.

— Quando trabalhei na Intel, recordávamos uma história sempre que surgia uma decisão difícil. Nos anos oitenta, os japoneses estavam conquistando participação no mercado de memórias. A Intel perdia cada vez mais dinheiro e houve uma tonelada de debates internos sobre o que fazer. Discussões bem violentas – disse Jim. – Certo dia, Andy Grove e Gordon Moore estavam falando disso outra vez, e Andy olhou pela janela a roda-gigante que girava no parque de diversões Great America, lá longe. Ele se virou para Gordon e perguntou: "Se fôssemos demitidos e a diretoria trouxesse um novo CEO, o que você acha que ele faria?" Gordon respondeu sem hesitar: "Ele nos tiraria do mercado de memórias". Andy, espantado com a clareza dessa declaração simples, disse: "Por que eu e você não saímos pela porta, entramos de novo e fazemos isso nós mesmos?"

— Bom, vocês conhecem o resto da história – continuou Jim. – Isso levou a Intel a um sucesso ainda maior. Depois, a Intel sempre usava o teste da porta giratória nas decisões mais difíceis. Pensávamos no que alguém, sem a sobrecarga da história e da emoção, faria. – Jim parou e tomou um gole de café.

— Portanto, crianças, se vocês fossem contratados como o novo CEO, o que fariam?

Jack olhou Hanna, mas ela continuou em silêncio. Ele sabia o que ela pensava.

— Eu teria de considerar essa direção a sério – disse Jack. – O dinheiro é bom. Só que fico com medo de que, se formos nessa direção, sejamos pressionados para baixar a qualidade.

— Então, o que aconteceria? – perguntou Jim.

— Eu teria de dizer não – respondeu Jack. – Eu iria embora primeiro.

Os três ficaram sentados em silêncio.

— Eu também diria não – concordou Hanna.

Jack ergueu os olhos do chá intocado.

— Não quero construir uma empresa vendendo um produto ruim – disse Hanna. – Isso nunca dá certo a longo prazo. Se quisesse vender chá ruim, eu trabalharia para a Bigelow. Ou a Celestial Seasonings. Estamos aqui para mudar o mundo, não para reproduzi-lo.

Jack olhou de volta para a xícara.

— Eu sei. Droga. Eu sei.

Ele já ouvira isso. Tinham conversado mil vezes a respeito. No entanto, quando se tratasse de dinheiro, ela manteria seus princípios?

Agora, Hanna sorria.

— Ora bolas, estamos aqui para levar chá a quem gosta de chá! Não para que fique velho e horrível no depósito.

Como o que você está tomando aqui. – Ela apontou a xícara de Jack.

Ele olhou a xícara, olhou Hanna e deu um sorriso rápido. Quando ela falava assim, ficava parecida com sua irmã. Mas Hanna tinha MBA. Em seu departamento, eles riam dos MBA e de sua linguagem esquisita: "validação" e "maximizar o valor". Ele achava que "valor" era o código que usavam para dinheiro. Porém, não era em dinheiro que ele pensava quando pensava em valor.

Finalmente, Jack falou.

— Parece que conseguimos o difícil encaixe Produto-Mercado quando não estávamos prestando atenção. Acho que, se eu fosse o novo CEO, teria de concordar com o pivô.

Ele viu os ombros de Hanna relaxarem visivelmente.

— Ótimo – disse Jim. – Não se surpreenda se enfrentar alguma resistência da equipe. É típico. Recomendo que pensem em usar OKRs para manter as coisas nos trilhos. – Ele recebeu olhares vazios dos dois jovens empreendedores. – Significa *Objectives and Key Results*, que, em português, quer dizer Objetivos e Resultados-Chave. Muitas empresas minhas os usam para aumentar o foco e a produção da equipe. Todo trimestre, escolha um Objetivo qualitativo e ousado e três Resultados quantitativos que lhe permitam saber quando atingiu o Objetivo. Qual vocês acham que seria um bom Objetivo para o grupo? Algo difícil, mas factível em três meses.

— Provar nosso valor aos distribuidores de restaurantes – respondeu Hanna rapidamente.

Jack a interrompeu.

— O que você quer dizer com valor?

— Mostrar que podemos fornecer um produto excelente que ajuda os negócios.

Jack fez uma pausa e concordou com a cabeça. Produto excelente. Parecia correto.

— Como vocês saberão que tiveram sucesso? – perguntou Jim.

Hanna e Jack trocaram ideias. Encontrar um Resultado-Chave baseado em receita não era difícil. Mas concordar com uma métrica que representasse a valorização da TeaBee pelo distribuidor era.

— Sem pechinchar? – sugeriu Jack. – Quer dizer, se for realmente bom, não vão tentar reduzir o preço.

Hanna revirou os olhos ao ouvir isso.

— Olhe, Jack, pechinchar é exatamente o que se faz nos negócios. Sua vida depende de conseguir o melhor preço. Se minha mãe não pechinchasse, eu procuraria seus sinais vitais. Vamos tentar uma métrica de retenção. – Jack não entendeu. Hanna continuou. – Como 30% de renovação dos pedidos?

Jim interrompeu.

— Os OKRs precisam ser metas difíceis. Do tipo que você só tem 50% de chance de atingir. Você quer que a equipe se esforce. Como seu investidor, eu me preocuparia se a retenção de 30% fosse sua meta máxima.

Esse foi um lembrete sóbrio de que Jim não era só um amigo; ele tinha interesse no jogo. Jack aproveitou.

— Cem por cento de renovação dos pedidos!

Jim sorriu.

— Isso é possível? Pode ser desagradável estabelecer uma meta que a equipe sabe que não consegue atingir.

Hanna se intrometeu.

— Acho que 70% é possível. Até agora, todos renovaram, mas foi quando eu provoquei.

— Isso é algo que eu gostaria de interromper, se possível – disse Jack. – Afinal de contas, temos um site. Eles não podem usá-lo para fazer os pedidos?

— Eles não conseguem – respondeu Hanna. – Não foi configurado para atender à necessidade deles.

— Bom, então poremos alguns OKRs sobre o conserto do site também.

Então, os participantes da próxima reunião de Jim chegaram, e, em silêncio, ele passou para outra mesa, deixando-os elaborando os detalhes.

Hanna e Jack discutiram metas e métricas até que, de repente, perceberam que tremiam na sombra do fim da tarde. O sol se pusera atrás do Starbucks, e o chá já estava gelado, mas eles tinham metas reais com que ambos podiam conviver. Cada um foi para sua casa pensar melhor nelas.

## Hanna anuncia o pivô

Na manhã seguinte, no escritório, com uma chaleira de Keemun (famoso chá preto chinês), eles examinaram novamente os OKRs que tinham estabelecido no dia anterior. Pareciam difíceis, mas certos.

Hanna e Jack chamaram a equipe para a sala de reunião. Hanna ficou na frente de todos. Ainda se sentia pouco à vontade quando falava para um grupo, embora fosse forçada a fazer isso toda semana nas aulas de empreendedorismo. Os três programadores estavam sentados em fila, todos com os notebooks abertos. Anya, a designer, se escondia atrás de uma cascata de cabelo, enquanto desenhava furiosamente num caderno. Naoko, o CFO autônomo, estava sentado em silêncio, a mão descansando de leve numa pilha de relatórios das últimas vendas. Hanna ficou ainda mais nervosa por saber que essas pessoas apostavam seu futuro em Jack e nela. Sem pressão, certo?

Hanna inspirou e tentou mandar a respiração para os dedos dos pés, como recomendava o instrutor de yoga.

— Oi, pessoal.

Ela olhou o rosto deles para tomar coragem. Bom, os rostos que conseguia ver. Erik, o principal programador, deu uma olhada rápida por cima do notebook e voltou ao trabalho. Cameron e Sheryl, as duas outras programadoras, não tiraram os olhos do código. Jack, ao seu lado, lhe sorriu e fez que sim para que ela começasse.

— Temos um anúncio a fazer. Faremos um pivô pequeno, mas acreditamos que seja significativo. Vamos nos concentrar em vender somente para distribuidores de restaurantes.

Ela lhes contou os últimos acontecimentos e mostrou os números que Naoko trouxera consigo.

Jack entrou na conversa.

— Ainda estamos levando um ótimo chá de pequenos produtores aos bons restaurantes. Só que achamos uma abordagem mais eficiente e lucrativa.

Alguns na equipe ficaram descontentes. Erik ficou muito incomodado. Pela primeira vez, ergueu os olhos do computador.

— Que bobagem. Esta empresa foi criada para ajudar agricultores e pequenas empresas! Foi por isso que vim.

Ele era um garoto do Meio-Oeste que foi para a Califórnia estudar em Berkeley, mas ficou para evitar os invernos do Kansas.

— Esses distribuidores vendem chá de grandes empresas. Não se preocupam com os agricultores! Só ligam para o lucro.

— É bom que esses produtores tenham a TeaBee para proteger seus interesses – respondeu Jack. – Garantiremos que tenham um bom preço e cheguem a novos clientes.

— Além disso – acrescentou Hanna –, a maioria não é grande nem tem produção constante em nível suficiente para interessar aos distribuidores de restaurantes. Quando conversei com os restaurantes, eles estavam preocupados com a constância das entregas. Quando conversei com os distribuidores, eles achavam que os pequenos produtores eram pequenos demais para compensar o esforço, até que a TeaBee agregou à oferta. Podemos garantir que ofereceremos sempre um bom chá preto e um bom chá verde, no mínimo.

— Agora os produtores podem vender mais chá – concluiu Jack. – Melhor ainda, podem prever quanto são capazes de vender e saber quando contratar e até expandir. Pode ser muito bom para todos.

Finalmente a equipe pareceu entender a mudança, embora Hanna notasse que Erik cobria a boca com a mão, como para se impedir de comentar. Ela se perguntou o que acontecia na cabeça dele.

— Vamos ver o que essa mudança significa. – Hanna desenhou um esboço de modelo de negócios no quadro branco. – Temos um novo cliente agora para levar em conta: os distribuidores de restaurantes. Isso traz algumas mudanças.

Teremos de contratar vendedores e montar um bom departamento de atendimento ao cliente. Nossas vendas têm se baseado no encanto de Jack e em meu jogo de cintura.

Ela conseguiu alguns risos aqui, pois todos sabiam que Jack não gostava de vender. Gostava de se relacionar e era comum encontrar novos clientes, mas fechar o negócio, negociar preços e assinar contratos era tudo com Hanna.

— Precisamos de gente que saiba o que está fazendo. Cada venda será na casa dos milhares, não das centenas. A TeaBee está prestes a ser uma empresa *high touch*, de contato intenso com a clientela.

Em seguida, eles falaram do processo dos OKRs e mostraram quais eram. Hanna começou escrevendo os primeiros no quadro.

**Objetivo:** Oferecer valor claro aos distribuidores como fornecedor de chá de qualidade.

**KR:** 70% de renovação dos pedidos.

**KR:** 50% de renovação pelo autoatendimento.

**KR:** Receita de 250 mil dólares.

Então, ela adicionou outro conjunto de OKRs.

**Objetivo:** Construir uma plataforma valiosa para os distribuidores controlarem os pedidos.

**KR:** 80% de renovação dos pedidos feitos on-line.

**KR:** Satisfação nota 8 de 10.

**KR:** Reduzir as ligações em 50%.

Então, ela acrescentou: "Objetivo: Montar uma equipe de vendas eficaz", com seus KRs, e "Objetivo: Montar uma abordagem responsiva do atendimento ao cliente", e acrescentou mais três KRs.

A equipe discutiu se conseguiria cumprir as metas e reduziu a renovação de pedidos para 60%.

— Afinal de contas – disse Erik –, podemos aumentar o número no próximo trimestre, não é?

No fim da conversa, Cameron levantou a mão.

— E nossos clientes atuais? Os restaurantes?

— Ah, podemos mantê-los – respondeu Jack.

Hanna virou a cabeça. Podiam?

Ela abriu a boca para discordar e parou. Já estavam apresentando mudanças demais à equipe. E não teriam de sair para vender a novos restaurantes. Ela podia conversar com Jack mais tarde, em particular, talvez, e fazer um plano para retirar os restaurantes aos poucos. Não estava evitando conflitos. Estava escolhendo batalhas. Não é?

## Hanna vai a uma degustação

Hanna inseria os pedidos dos distribuidores quando sentiu alguém em pé junto à sua mesa. Ela ergueu os olhos. Jack estava ali, de paletó, segurando várias caixas de papelão.

— Está pronta? – perguntou ele.

— Para quê?

— A degustação. No espaço Xflight Coworking. Sabe? Precisamos ir já, senão ficaremos presos no trânsito.

Hanna o fitou, passando seus pensamentos de números para palavras.

— Olhe, preciso terminar de inserir esses números, senão a Systovore não receberá o pedido de chá.

— Por que eles não usam o site?

— Já conversamos sobre isso. O site só permite pedidos de dez em dez. Com o tamanho deles, ficariam malucos se tivessem de fazer oitenta pedidos. Ou você conserta o site ou me deixa em paz para terminar.

— Vou esperar no carro.

— Está uns trinta e cinco graus lá fora. O carro vai estar um forno!

— Então não me deixe morrer. – Ele saiu pisando forte com as caixas, murmurando consigo. – Detesto me atrasar.

Hanna rosnou, mas fechou o arquivo em que estava trabalhando e saiu.

Eles chegaram com bastante tempo para arrumar as amostras de chá. O Xflight era um espaço de *coworking* típico. Abrigava seis pequenas startups de três ou quatro pessoas cada, em um amplo espaço aberto. As mesas pareciam da IKEA, mas as cadeiras eram as caras Herman Millers de sempre. Havia uma cozinha central, com dois fornos de micro-ondas e um bebedor. Entre os copos, havia canecas de marcas de café e vidros de conservas.

— Que bom que trouxemos nossas chaleiras e xícaras – declarou Jack com alegria. – Parece que ninguém se preocupa com a verdadeira qualidade, só querem parecer descolados neste lugar.

Hanna se sentiu melhor, mais concentrada. Pusera música de discoteca para tocar no carro e ainda cantarolava "Car Wash" enquanto arrumava as pequenas xícaras de chá de vidro que a mãe comprara no atacado. Faria essa última degustação e diria a Jack que não haveria outra. Jack socializava em voz alta com o gerente-geral do *coworking*, distraindo-a do trabalho. Naturalmente introvertida, ela preferia manter o papo furado em nível mínimo.

A noite avançou igualzinha às outras como aquela. Tinham feito degustações em cafés e em algumas padarias chiques. Jack conseguia falar com todo mundo e convencer as pessoas a experimentar cada chá. Hanna e o CEO de um aplicativo de viagens compararam anotações sobre os anjos que cada um procurou. Os locatários do espaço foram embora às oito, para voltar a programar em suas mesas ou para arranjar o que comer. Hanna guardou tudo, cansada de interagir com seres humanos e sem apreciar a viagem de volta. Então, se lembrou de que tinha de inserir mais um pedido. Soltou um suspiro profundo e pousou a caixa de xícaras.

— Jack?

— Oi?

— Por que fizemos isso?

— Acabamos de fechar um pedido com o gerente do escritório. Sete quilos por semana! E nossa marca estará nos pacotes... isso ajudará o reconhecimento.

— Reconhecimento de quem? Não é provável que um distribuidor venha ficar nesta cozinha. Ele é nosso cliente.

— E que tal um investidor? De qualquer modo, conseguimos uma venda.

— A um espaço de *coworking*! Nosso foco não é esse!

— Eles podem fazer o pedido no site. Qual é o problema?

— A cada dia tenho de digitar mais pedidos! Você deveria estar cuidando do produto. Então conserte o produto!

— Está na lista!

— Isso é *engenheirês* para "vá embora"?

— Não, droga. Não.

Jack recuou. Parecia perplexo, como se ficasse confuso com a demonstração de raiva. E estava mesmo. Eles nunca brigavam. Não gostavam de brigar. Ela não gostava, pelo menos. E não gostou naquele momento.

— Olhe, vou para casa de táxi. Assim você pega a estrada mais depressa. – Ele estava tentando propor uma trégua.

Hanna engoliu o desagrado com conflitos. Tinha de dizer alguma coisa.

— Não, Jack. Antes de chamar o táxi, você tem de me prometer. Chega de degustações. Concordamos com nossos OKRs. Elas não fazem nenhum deles avançar. São um desperdício de tempo.

Jack hesitou. Enfiou as mãos no bolso, depois as tirou do bolso, como se o censurassem.

— Elas são úteis. *Networking*.

A voz dele estava mais suave, agora, com um toque de dúvida.

— Não, acho que não.

Então, de repente, ele mudou de atitude.

— Ah, você está nervosa com a ligação de vendas para aqueles sujeitos de Monterey. Não se preocupe! Vou junto! Para garantir que todos fiquem à vontade! Vá! Relaxe. Durma.

Ele pegou a caixa de xícaras dos braços dela e saiu pela porta, deixando-a boquiaberta. Ele desdenhara completamente sua preocupação. Relaxar? Hanna não podia relaxar. E é claro que não dormiria. Não com mais um pedido de vinte chás diferentes para digitar.

## Jack se compromete com a qualidade

Jack chegou ao escritório no fim da manhã. Devagar, trancou a bicicleta no suporte dos fundos. Hanna chegava cedo, e Jack não estava com vontade de repetir a briga da noite anterior. Ela pediria desculpas e ele se sentiria mal, ou ele pediria desculpas, e ela poderia não perdoá-lo. De qualquer modo, ele se sentiria mal. Só queria administrar uma boa empresa que fizesse um bom produto.

Ele vira tantos de seus designs de produto favoritos serem arruinados com o tempo. Até seu amado celular agora era grande e desajeitado no bolso, quando antes era perfeito para segurar. No verão em que trabalhou numa empresa que sempre admirou, viu os gerentes de produto e analistas de negócios jogarem fora a qualidade em troca de lucro rápido. Então, percebeu a razão de tudo piorar: dinheiro. O pessoal de negócios forçava a barra para aumentar o resultado no fim do trimestre e ganhar um bônus. Sem nenhuma preocupação com a experiência do cliente e a reputação da empresa! Por isso, ele decidiu que a única maneira de garantir a qualidade e se manter fiel à visão era ele mesmo abrir uma empresa. Agora, temia ser forçado a se tornar um deles, um daqueles executivos de quem se ressentia, e a abandonar seus princípios para manter a TeaBee funcionando.

Talvez ele pudesse explicar a Hanna por que mostrar a qualidade do produto naquelas degustações era tão importante. É preciso uma marca forte para um boca a boca forte, e o boca a boca forte exigia levar chá à boca das pessoas! Só assim as pessoas entenderiam que a TeaBee era boa, e o dinheiro se resolveria sozinho. Era isso o que faria. Iria apenas explicar. Ela entenderia. Ela também amava chá.

Quando entrou, ele notou que a cadeira dela estava vazia, o que significava que tinha saído para vender. Os ombros dele relaxaram. Nem tinha percebido que estavam contraídos. Bom, conversa para outro dia. Ele foi até sua mesa, mas, antes de se sentar, Erik o chamou.

— Ei, cara, vi um troço legal e fiquei a noite toda fazendo um protótipo. Dê uma olhada.

Erik se recostou na cadeira, as pernas compridas espalhadas embaixo da mesa. Apontou o monitor com os dedos finos e amarelados. Jack imaginou brevemente quantos cigarros ele fumava por dia.

Erik desceu a página inicial do site. A navegação ficou no lugar, enquanto o resto se movia. Então ele abriu o formulário de pedidos, que mostrava cada campo assim que o último era corretamente preenchido.

— Muito legal – disse Jack, admirando os efeitos.

Erik deu de ombros.

— Só estou matando o tempo enquanto aguardo as especificações dos pedidos por atacado.

A barriga de Jack se contraiu.

— Isso é comigo. Estou pela metade, mas tive de parar um tempo. Estava preparando a degustação.

— Cara, não esquenta! – disse Erik. – É sério. Aqueles distribuidores tinham é que tomar vergonha na cara e digitar os pedidos. Já estão ganhando bastante dinheiro explorando os agricultores. Que gastem um pouco, criem pelo menos uma vaga de digitador.

A palavra "digitador" fez Jack se sentir pior.

— Hanna é que está digitando, não os distribuidores.

Ela vinha fazendo o trabalho porque ele não escrevera as especificações técnicas para Erik programar a nova funcionalidade.

Erik pareceu não ligar para o estresse de Jack.

— Mesmo assim, não entendo. Por que estamos enriquecendo os intermediários? A questão não era ajudar os agricultores? E os restaurantes? Sabe, os independentes?

Jack gostava de se reunir com os restaurantes. Gostava dos espaços de *coworking* e das incubadoras. Não dava muita importância às sedes corporativas da maioria dos distribuidores.

— Às vezes acho que Hanna quer ser o próximo Starbucks – disse Erik para encerrar o desabafo.

— É, não sei – respondeu Jack finalmente. – Parece que toda reunião com investidores é no Starbucks. É o que eles querem. A venda gigante, o grande lucro.

Erik fez que sim.

— É bom que estejamos cuidando dos produtores de chá. Alguém tem de fazer isso.

— É isso aí. Está certo. O mundo já tem lixo suficiente produzido em massa. Precisamos mostrar como é a qualidade!

— Cara, é isso aí.

Jack voltou à sua mesa se sentindo melhor. Tinham bom chá, o projeto das embalagens estava bonito, o site era sólido. Hanna entenderia.

## Hanna fala sobre números

No fim da tarde, Hanna finalmente voltou. O sol entrava pelas folhas de *flip chart* que um engenheiro colara na janela para tentar reduzir a luz.

Ela foi até Jack, sem parar nem para pousar a bolsa na mesa.

— Vamos conversar.

E foi para a sala de reunião.

— Precisamos da sala, Erik – disse ela ao entrar. O tom de voz não admitia discussões.

Ele se desdobrou da cadeira e levou o notebook de volta à sua mesa.

Hanna se sentou. Jack se sentou diante dela, mantendo a grande mesa entre eles. Na parede, estavam os cartazes com os OKRs feitos no início do trimestre. Ele imaginou passivamente quantos teriam atingido até agora.

Hanna se inclinou à frente.

— Jack, você renovou o contrato de Anya.

Ele piscou.

— Foi. Ainda não acabamos.

— Não podemos pagar. Não podemos nos pagar! Já estamos com seis semanas do trimestre. Em poucos meses, teremos de sair para levantar dinheiro outra vez. E nossos números não se mexem. Acho que ninguém vai querer investir.

Jack continuou a fitar Hanna sem compreender. Parecia despreparado para essa conversa.

Hanna o olhou com raiva.

— Você olha os *dashboards* que eu te mando? Jack!

— Ah... É que eu não sou muito de números. Mas fechamos com o Xflight! E com o restaurante da semana passada!

— E perdemos um restaurante na semana anterior. Faliu. Acontece. Estamos neutros em receita. Olhe, já discutimos isso. Precisamos dos distribuidores. Só mais dois este trimestre, e cinco no próximo. E termos números fortes, fortes o bastante para começar a levantar recursos.

— Não podemos conseguir um monte de restaurantes?

Hanna ficou olhando, sem fala. Viu o momento em que Jack percebeu que essa conversa já tinha acontecido havia apenas dois meses. Mas era tarde demais. Ela explodiu.

— Não é possível fechar restaurantes suficientes a tempo. Não sem contratar muitos vendedores, e isso aumentará o custo. Os restaurantes são lentos, cautelosos e levam um tempo enorme para fechar negócio. E, quando fecham, só encomendam meio quilo de chá por semana. Um distribuidor vale por cem restaurantes.

Hanna ardia de fúria.

— Jack, sua recusa a prestar atenção à economia básica está me deixando maluca. Se fosse designer de alguma grande empresa, talvez você pudesse cochilar na parte matemática das reuniões, mas, caramba, esta empresa é sua!

E não seria dele por muito tempo se quebrassem. Ela bateu a mão com força na mesa, fazendo-a tremer. Jack deu um passo atrás.

Hanna balançou a cabeça, assustada com a explosão, e se sentou. Inspirou fundo e continuou, agora com a voz baixa e ainda mais perturbadora pela nova calma que transmitia.

— Jack, se não conseguirmos levantar recursos, teremos de demitir. Sabe o restaurante de minha mãe? Não foi o primeiro que ela teve. Meus avós tiveram um restaurante antes dela. Foi onde ela aprendeu a administrar e se apaixonou pelos negócios. Mas, na crise econômica da década de 1970, ninguém comia fora. Meus avós tentaram manter a empresa aberta, tentaram manter o pessoal. Não queriam demitir ninguém numa situação tão difícil. Só que a situação não melhorou com rapidez suficiente. E o lugar todo quebrou. Talvez se tivessem demitido alguém e dado um jeito de reduzir custos...

Hanna se recostou na cadeira Herman Miller. Era confortável, mas cara. Olhou Jack, que não mostrava nem um pouco da emoção que ela sentia com tanta intensidade.

— Não posso cometer esse erro.

— O que você está dizendo? – perguntou Jack baixinho. Parecia preocupado, talvez até com um pouco de medo.

— Estou lhe pedindo que se comprometa. Jack, o que você quer com isso?

Com um gesto, ela mostrou a sala coberta de cartazes de OKR, fotos de clientes sorrindo e leiautes de sites. O trabalho de Jack na empresa os cercava.

— Acho que eu queria um lugar para fazer as coisas direito. Queria achar algo maravilhoso e dar um jeito de ajudar os outros a se apaixonarem por isso como me apaixonei. E achei que seria divertido.

Ele fez uma pausa e se inclinou à frente, os cotovelos na mesa, as mãos cruzadas diante dele.

— E achei que seria gratificante. Todo dia leio as notícias de tecnologia e vejo gente fazendo coisas que mudam o mundo. Quero fazer parte disso.

— Às vezes é divertido – respondeu Hanna. – Mas você não pode fazer a parte divertida e deixar a parte difícil para os outros o tempo todo. Se errarmos, vamos quebrar. E as pessoas perderão o emprego. E ninguém descobrirá como o chá pode ser maravilhoso. – Ela conseguiu dar um sorriso que era quase uma careta.

— Vou olhar os *dashboards*, tudo bem? – respondeu Jack.

Hanna assentiu. Jack soltou um profundo suspiro, e Hanna se perguntou se ele só queria encerrar a conversa ou se realmente planejava mudar.

## Jack ouve coisas

Jack estava de fones, sentado diante do computador. Ficara ouvindo música, que parara havia algum tempo. Ele fitava o *dashboard* de Hanna. Que números eram aqueles? Ela tinha os OKRs, mas onde eles mudaram? Quanto estavam faturando? O que lhes restava? Nada lhe era familiar, mas ele teve vergonha de perguntar. De qualquer modo, Hanna saíra para vender e só voltaria às quatro. Talvez ele engolisse a vergonha e pedisse que lhe explicasse, se até então não tivesse entendido. Imaginou que, se ficasse ali olhando, finalmente os números se revelariam.

Através dos fones, ele ouviu os murmúrios de Sheryl e Erik. Supôs que estivessem discutindo alguma triagem de bugs, mas aí pescou algumas palavras. "Hanna." "Traição." Não conseguiu evitar de prestar atenção na conversa.

— É, bobagem típica de MBA – dizia Erik. – Só quer ganhar dinheiro.

— Talvez – disse Sheryl. Sheryl não era de falar muito.

— Olhe só, ela vai pôr a gente no bolso das grandes empresas. Provavelmente, está preparando para jogar a empresa no colo dos investidores. É o que ensinam na faculdade de administração.

Erik fez aspas com os dedos em torno de "faculdade de administração". Jack tentou esconder que observava com o canto dos olhos. É, pensou, o MBA não ensina tudo.

— Essa gente só quer aumentar a receita – continuou Erik –, depois demite todo mundo para lucrar mais. E aí eles podem sair por cima, entende?

Isso já não soava mais tão plausível para Jack. Não era a história de Hanna.

Então, ele ouviu Erik dizer uma coisa que o gelou até os ossos.

— Eles não vão me chutar com nenhuma medida para cortar custos. Ainda não recebi as especificações, então no tempo livre estou fazendo uns ajustes no código. Boa sorte para o novo diretor de tecnologia que quiserem contratar. Ele não vai entender nada.

Jack tinha ouvido falar de engenheiros de software que escreviam um código confuso para nunca serem demitidos. Sempre achara que era uma lenda do Vale do Silício. Um tipo de bicho-papão da engenharia. Estava errado. Ele fechou o *dashboard* e abriu as especificações. Então, reabriu o *dashboard* no segundo monitor. E ficou ali sentado, os olhos passando de lá para cá entre os dois, tentando descobrir o que fazer.

## Jack recebe mais notícias

O telefone do escritório tocou. Tocava tão raramente que Jack levou um susto. Hanna atendeu e falou friamente:

— Alô, TeaBee, Hanna falando. – Ela fez uma pausa e continuou. – Sim, tudo bem, Philip!

Era um dos distribuidores de restaurantes! Jack se sentou na borda da cadeira. Talvez conseguisse que ela pedisse um depoimento para ajudar com as vendas no site. Ele ficou por ali, caso houvesse uma pausa.

— Sinto muitíssimo! – respondeu Hanna, com a testa franzida.

Nada de depoimento, pensou Jack.

— Olhe só, como podemos compensá-lo? Posso levar o chá aí!

Uma longa pausa se seguiu enquanto ela escutava.

— Compreendo. Mais uma vez, sinto muito. Tchau.

Ela desligou, e Jack foi até ela. Hanna deixou a testa cair no teclado.

Jack aguardou ser notado. Entendia o custo de ser interrompido.

Ela ergueu os olhos para ele.

— Perdemos Jefferson.

— O quê?

— Excesso de erros nos pedidos.

Jack notou que ela torcia as mãos, entrelaçando e separando os dedos várias vezes.

— Como está o fluxo de pedidos de atacado, Jack? – perguntou ela. – Não posso continuar fazendo a digitação dos pedidos.

— Ah... Entreguei ontem a Erik. Imaginei que era bom ele ter o que fazer.

— Pois é. Seria.

Hanna o fitou, os olhos frios e vazios. Agora, as mãos dela descansavam imóveis no colo.

— Certo, você pode ligar para a Tenzo Farms.

— O quê?

— Pode lhes dizer que não teremos mais pedidos para eles. Jefferson era o único que comprava matcha. Eles cuidam de quase todo o bairro japonês. Diga à Tenzo que vão perder seu maior cliente, e torça para não terem contratado ninguém novo para ajudar com o aumento de pedidos.

Jack empalideceu.

Hanna lhe deu as costas.

— Vá – disse ela. – Resolva isso, Sr. Presidente.

## Hanna recebe conselhos

Hanna hesitou diante do Starbucks. Não sabia se Jim seria a pessoa certa a quem pedir conselhos. Mas não sabia mais com quem conversar. Perder Jefferson a abalara e abalara sua fé em si mesma. Jack não podia ajudar. *Ele* era o problema.

Ela pediu dois expressos e se sentou com Jim no pátio dos fundos. Ele se levantou e sorriu quando ela lhe entregou uma das xícaras.

— Onde está Jack hoje?

Hanna hesitou e disse:

— Eu queria falar com você em particular.

O sorriso de Jim sumiu. Suas próximas palavras foram bastante gentis, mas os olhos dele a avaliaram.

— Então, em que você está pensando, criança?

Hanna começou, nervosa.

— Bom, tivemos algumas dificuldades. Eu esperava alguns conselhos.

Jim fez um gesto para que ela continuasse.

— É o Jack. – Ela listou para Jim todas as suas queixas. – E, por causa de sua insistência em ficar por aí com essas degustações e embalagens em vez de resolver nossos problemas técnicos, perdemos Jefferson.

Ela olhou para Jim, esperando que ele respondesse, e foi como se as rugas de riso em torno dos olhos dele se apagassem. Ele franziu de leve os lábios, depois pousou as duas mãos abertas na mesa.

— Ele tem de assumir seu papel. Já lhe explicou isso?

— Já. – Então, ela pensou um segundo. – Talvez. Disse que ele estava desperdiçando seu tempo. – Mas ela só zombara dele por ser presidente. Não era a mesma coisa. – Acho que ele sabe.

— Hanna, não é complicado. Diga a ele claramente. Depois, diga de novo. Quando já estiver cansada de dizer, as pessoas estarão começando a ouvir. Você tem de se concentrar nos Objetivos e Resultados e tem de garantir que ele conheça o papel *dele* para alcançá-los. – Ele tomou o último gole de expresso. – Conheça seu papel também. Seu trabalho como CEO é estabelecer as metas e ter as conversas difíceis. Vá ser CEO.

— Estou preocupada com a próxima rodada. – Hanna queria muito que Jim lhe dissesse o que fazer.

Jim deu de ombros.

— Na pior das hipóteses, podemos trazer um executivo mais experiente.

Hanna ficou paralisada. Seu estômago veio até a boca, e o expresso queimou o fundo da garganta. Por um momento, desejou ter pegado o mesmo chá ruim que geralmente tomava.

— Gosto pessoalmente de vocês dois e por isso serei franco. Você acabou de me dizer que está desmoronando. Sou seu investidor, não sua mãe. Ou você resolve as coisas com Jack ou o remove. Concentre-se em consertar os números. Senão, procuro um jeito de arranjar alguém que leve a empresa a outro patamar. Não é complicado. Você teve um bom começo, mas o Vale do Silício está lotado de inícios de coisas boas.

Isso não era raro. Ela já ouvira histórias. Fundadores substituídos por executivos experientes impostos pelos investidores.

— Vou conseguir. Quer dizer, vou conversar com Jack. – O café fazia seu coração disparar.

— Ótimo. Então nos vemos na próxima reunião.

## Hanna recebe mais notícias ruins

Quando Hanna voltou, já era tarde. Jack ainda estava sentado diante do computador. Fora ele, o escritório estava vazio. Todos já tinham ido embora, a menos que Erik estivesse escondido na sala de reunião. Ela pendurou o casaco e estava prestes a se sentar quando Jack cruzou a sala na direção dela.

— O que houve? – perguntou ela. Ainda não estava pronta para ter "a conversa". Queria montar um plano de jogo.

— Precisamos conversar.

Hanna baixou os olhos, na esperança de protelar.

— Agora? Tenho mais pedidos para digitar.

— Acho que Erik está nos sabotando.

— Ele está... – Ela olhou a sala de reunião.

— Não.

— Que loucura. Por quê?

— Eu o ouvi conversando. Ele disse a Sheryl que estava complicando o código para garantir o emprego.

Hanna se deixou cair sentada sobre a bolsa. Levantou-se, tirou-a e se sentou de novo. Jack se empoleirou na beira da mesa dela.

— Jack...

— Eu sei.

Ele não sabia nem a metade.

— Precisamos de um diretor de tecnologia. Logo. Nenhum de nós sabe programar o suficiente para descobrir se é verdade.

A empresa inteira se desfazia diante de seus olhos.

— A questão não é o código. É o Erik. Eu sabia que ele não era a favor do pivô, mas isso é demais. Ele anda fofocando. – Jack engoliu em seco. – Dizendo coisas horríveis sobre você.

— Devíamos demiti-lo. Podemos demiti-lo?

— Não sei.

Hanna abriu o notebook, as mãos tremendo de leve. Cafeína demais, pensou.

— Você ligou para a Tenzo?

— Acho que precisamos nos concentrar em Erik agora.

Ela soube que ele não tinha ligado.

— Eu... Eu preciso pensar. Vamos nos reunir amanhã. Preciso digerir tudo isso.

Ela se sentiu absolutamente sozinha.

# Jack dá um telefonema

Jack passou a manhã e não ligou para a Tenzo Farms. Nunca dera más notícias. Nunca demitira ninguém. Nunca sequer dispensara um cliente, embora tivesse vontade muitas vezes.

Ele passou a tarde também sem ligar. Sabia que teria de ligar até as seis, antes que fechassem, ou de manhã cedinho. Hanna ficaria atrás dele amanhã. Ele saiu de sua mesa e foi caminharem Bayshore.

O pequeno escritório ficava perto da rua paralela à Highway 101, no trecho de terra entre a estrada e o Bayshore Park, povoado por várias startups, escritórios de consultoria e empresas variadas, de hospitais veterinários a serviços educacionais. Uma grande empresa de contabilidade ficava em uma extremidade; na outra, um aeroporto minúsculo frequentado por milionários recentes.

Todos caminhavam pela baía quando tinham um problema difícil. Hanna gostava de fazer suas reuniões individuais andando pela trilha, a não ser que fosse um assunto confidencial. Ele tinha saudades de suas caminhadas juntos. Parecia que agora todas as suas conversas eram confidenciais. Mas ali havia natureza, um bom antídoto aos dias de telas murmurantes.

Ele tinha achado que abrir uma startup era uma boa ideia. Designers praticamente nunca abriam startups, ao que parecia. Tinham pavor dessa coisa de dinheiro. Agora ele se perguntava se, na verdade, não teriam medo de estar no comando. Ele tirara um ano de folga entre a faculdade e a pós para fazer várias consultorias. Era fácil: deixe o cliente feliz. Agora era tudo confuso. Quem era o cliente? E ninguém nunca ficava feliz.

Ele tentou ligar para Jefferson para convencê-los a lhes dar uma segunda chance. Foi um balde de água fria. Não queriam mais. Tinham dito a Hanna que não queriam mais e ficaram irritados por ter de lhe dizer a mesma coisa. Jack ficou com medo de Hanna brigar com ele por destruir a oportunidade de outra tentativa mais tarde.

No fim, ele decidiu ligar para a Tenzo pelo celular, num banco, olhando os bancos de sal.

Teclou o número.

— Oi, aqui é Jack, da TeaBee. Posso falar com Atushi?

— Oi! Sou eu. Como vai? Como estão as coisas na terra das startups?

— Oi. Bom, não muito bem.

— Certo. O que há?

— Bom, tenho más notícias. A Jefferson parou de trabalhar conosco. Não teremos mais pedidos de matcha depois do dia 17.

Silêncio no outro lado.

— Você ainda está aí? – perguntou Jack.

— Estou aqui – respondeu Atushi. – Só não sei o que dizer. Podemos consertar isso? Foi algum problema de qualidade?

— Não. Foi... – Jack sentiu o gosto amargo na garganta. – Fomos nós. Erramos um pedido, eles nos cortaram. Sinto muito.

— Certo. Entendi. Então teremos de ajustar o próximo mês... temos um rapaz muito bom que estava trabalhando em meio expediente. Estávamos pensando em contratá-lo. – Jack ouviu a decepção de Atushi. – Mas agora... sinto muito, é um problema meu. Obrigado por nos avisar logo. Foi melhor assim.

Agora a voz de Atushi estava firme, mas não zangada. Mas Jack ouviu a dor. Pequenas empresas viviam cambaleando, ele tinha aprendido. Naquele dia, ele é que lhes deu um empurrão para o lado errado.

— Desculpe, colega. – Jack não sabia mais o que dizer. Procurou alguma alegria para oferecer, mas não encontrou nada. – Sinto muito.

— É. Eu também. – Atushi suspirou. – Até a próxima.

E desligou, sem esperar a resposta de Jack.

Jack ficou um pouco ali sentado. Uma garça pousou no riachinho, uma bela explosão de asas brancas na água azul. Jack não se consolou com ela.

Era isso, decidiu. Ele não podia só se concentrar no produto. Tinha de projetar a empresa inteira. Tinha de entender a coisa toda e garantir que todas as escolhas fossem certas. Pela primeira vez, percebeu que a TeaBee não era só algo delicioso numa caixa bonita. Eram as pessoas com quem ele trabalhava e as conversas que tinham. Eram os planos que faziam juntos. Eram até os malditos números. A empresa era um ecossistema, e ele era mais jardineiro do que designer. Teria de melhorar no serviço.

Ele se levantou, enfiou os punhos no bolso do moletom e voltou ao escritório.

## Sem tempo

A ligação para a Tenzo Farms encheu Jack de energia. Por mais ou menos uma semana. Hanna continuava digitando os pedidos, e pediu a Cameron, o desenvolvedor front-end, que os revisasse antes que ela os enviasse. Era um processo mais lento do que antes, mas eles não podiam se dar ao luxo de perder outro distribuidor. Parecia que Cameron não se importava. Ele se sentava ao lado dela e tentava flertar enquanto examinava os números. Hanna não sabia direito o que pensar, mas decidiu que aquele estava bem longe de ser seu maior problema naquele momento e o ignorou.

Hanna deixou Cameron revisando os pedidos, que passava o dedo pelo monitor dela enquanto acompanhava cuidadosamente cada linha. Ela se aproximou de Jack, que estava sentado ao seu computador.

— Então, vamos lançar os pedidos do atacado esta semana?

— Vamos, sim. Só estou mudando algumas coisas depois do teste de usabilidade.

— Melhor feito do que perfeito – murmurou Hanna.

— Hã? – grunhiu Jack, de cabeça baixa.

— Não importa. Lance. Vou comprar umas Nukey Brown para a festa de lançamento. – Essa cerveja era a favorita dele. Um pouco cara, mas o deixava feliz. Qualquer coisa para lançar logo o maldito site.

— Temos uma degustação hoje à noite – mencionou Jack com hesitação.

— Você está brincando comigo.

— Desculpe, foi marcada meses atrás!

Os olhos de Hanna foram até o cartaz dos OKRs. Droga, ele se tornara invisível nas semanas em que ficou pendurado. Agora, o próximo passo a fitava: "Equipe de vendas robusta".

Ela se voltou para Jack.

— Você tem uma degustação para organizar. Eu tenho Objetivos para cumprir. Boa sorte.

Ela voltou à mesa para publicar um anúncio de emprego. Parou outra vez, tentando decidir quando conversar com ele sobre o que aprendera com Jim. Será que ele estava melhorando por conta própria?

E, bem de repente, o fim do trimestre chegou.

## Números

Hanna puxou Jack para a sala de reunião outra vez para revisar os OKRs. Novamente, expulsaram Erik, que se gabou: "Diminuí meio segundo do tempo de carregamento da página inicial!" Dessa vez, quando Jack lhe disse que "sumisse", foi de forma bem menos amigável.

Hanna espalhou os OKRs impressos na mesa e pegou uma caneta vermelha para marcar o que não foi feito. Eles olharam as folhas de papel que iam ficando vermelhas.

— Equipe de vendas? – perguntou Jack.

— Frank é ótimo, mas é um só. Só publiquei o anúncio no meio do trimestre.

Ela apontou para "50% de renovação pelo autoatendimento".

— E esse?

— Você sabe. Lançamos o novo sistema de pedidos no atacado na semana passada.

— É, tenho os números de uso em algum lugar. – Ela remexeu nas folhas de papel. – Certo. Hum, 15% até agora.

— Bom, era novo. Não quis irritar nenhum dos clientes. Então só falei sobre isso com alguns restaurantes e um dos distribuidores.

Hanna soltou um suspiro longo e trêmulo.

— É, deve estar certo. Eu só gostaria que tivéssemos lançado mais cedo.

Ela fez uma pausa para organizar os pensamentos.

— Você tem aquela pesquisa de satisfação que fez na semana passada? Obtivemos resultados suficientes para uma leitura?

Jack puxou a folha colorida de uma pesquisa com uma das mãos enquanto roía a pele em torno da unha do polegar.

— Hã, é, acho que temos respostas suficientes. O resultado é... é heterogêneo, é o que eu diria.

— Então, esse KR, não.

— Não.

Jack parecia desapontado. A experiência do cliente era *sua* queridinha. Ela pegou os resultados de vendas.

— Estive observando esse aqui. – Ela apontou a receita. – Perto, mas não o suficiente. Houve um pequeno aumento aqui e achei que tínhamos resolvido. – Ela apontou o fim do segundo mês. – Mas aí a Jefferson...

A dor da perda da Jefferson pairava entre eles como uma nuvem carregada. Eles fitaram o gráfico.

— Então... – disse Jack. – Zero?

— Zero – respondeu Hanna. – Cumprimos zero OKR. – O peso da tinta vermelha a deixou exausta e irritada. – Isso é um absurdo! – gritou ela. – Por que não cumprimos nenhum dos OKRs? Ora, sei que deveriam ser difíceis, mas é como se ninguém nem tivesse tentado!

"É como se eu não tivesse tentado...", disse uma voz na cabeça dela. "É como se Jack não tivesse tentado...", disse outra.

— Ei, pusemos no ar o novo sistema de marcas! – respondeu Jack. – E estamos ajudando os restaurantes com o site.

Melhoramos o fluxo de pagamento para eles. Mas... – A voz dele sumiu. – Não foi em nenhuma dessas coisas que combinamos nos concentrar.

Ele pôs a mão no bolso do moletom, olhando as folhas de papel à frente. Ambos sabiam que nada do que *ele* fez estava ali.

Hanna ficou olhando para ele, os lábios apertados. Então, deu meia-volta e saiu da sala de reunião. Tinha de sair daquela sala. Só coisas ruins aconteciam ali.

Jack foi atrás dela.

— Você não pode sair assim. Precisamos terminar.

Ele falava em voz baixa. O escritório ainda estava cheio.

— Por quê? Está tudo bem claro. Ferramos com tudo. – As lágrimas se escondiam atrás dos olhos dela. Ela precisava continuar zangada, senão passaria vergonha. – Minha mãe sempre disse que, em tempos de crise, as pessoas voltam ao que lhes deu sucesso, mesmo que não seja a coisa certa. – Hanna sabia que ela e Jack estavam assustados, administrando uma empresa pela primeira vez. – Você se concentrou no design e na usabilidade para os antigos clientes. E eu saí e vendi, em vez de montar uma equipe que fizesse isso. – A voz dela subiu, cheia de emoção. – E agora não temos números que justifiquem o investimento. Acho que não vamos conseguir reverter.

De repente, ela notou que o escritório estava em silêncio. Cheia de uma vergonha horrível, foi até a porta da frente para fugir para a baía.

O celular de Jack vibrou em seu bolso. Ele deu uma olhada na tela: Jim.

— Hanna, espere! – gritou ele antes de atender. – Jim – fez com a boca, apontando o celular.

— Jack? Aqui é o Jim. Vocês podem dar uma passadinha no Starbucks? Estou conversando com um rapaz aqui que acho que vocês deveriam conhecer.

— Estamos indo. Quinze minutos! – disse ele, animado.

Hanna o olhou com raiva.

— Ótimo. Ótimo. Não estou pronta para essa conversa. Não atingimos nossos números. – A voz dela subiu de novo. Agora o rosto de Jack estava vermelho de vergonha, mas ela não baixou a voz. Estava irritada demais. – O que vamos dizer a ele?

— Ora, os OKRs não deram certo. Quer dizer, nem é culpa nossa. É o sistema dele, seguimos e não adiantou nada. É só outra moda do Vale do Silício.

— Jack, francamente, você acha que foi culpa dos OKRs? – sibilou Hanna.

— Não sei. É um sistema que deveria nos ajudar a disparar. E não avançamos nada.

Hanna baixou a voz. Sua raiva tinha se tornado uma calma fatal.

— Com certeza algo não deu certo.

Ela pegou o casaco e as chaves do carro e saiu pela porta a passos largos. Jack foi atrás, todos os olhos do escritório observando os fundadores saírem batendo a porta.

## Hanna e Jack encontram um novo participante

A ida até o Starbucks pareceu curta demais. No meio do caminho, Hanna percebeu que o carro estava em silêncio. Não tinha nem pensado em ligar a música. Jack olhava pela janela, afastado dela.

Hanna enfiou o Civic numa vaga estreita entre duas minivans, e Jack teve de prender a respiração para se esgueirar pela porta do passageiro. Mas não se queixou dos gigantescos carros americanos, como costumava fazer.

Quando se aproximaram do pátio dos fundos, viram Jim sentado diante de um homem de cabelo escuro, vinte e tantos anos, largado na cadeira como se fosse dono do lugar. Usava o cabelo bem curto, óculos escuros de aviador e uma tatuagem aparecendo sob a camiseta preta. Quando se aproximaram, viram que a camiseta era uma versão de Dr. Who no estilo Meu Querido Pônei e que a tatuagem era o programa RSA-Perl. Suas credenciais de nerd estavam plenamente de acordo.

— Quem era? – quis saber Hanna. Outro investidor? Ele nunca investiria quando confessassem seu fracasso.

Jim indicou os lugares vazios à mesa.

— Olá, pessoal! Acho que encontrei seu diretor de tecnologia.

— Sem pressão – sorriu o *geek* alfa.

Então não seria uma revisão de números, pensou Hanna ao se sentar. A barriga afrouxou o nó um pouquinho.

Jim apresentou o convidado.

— Este é Raphael. Ele acabou de sair da SOS.

— A empresa de jogos? – perguntou Jack.

— É – disse Raphael.

— Parabéns pela entrada no mercado de capitais – disse Jack.

— Foi razoável. – Seu sorriso aumentou, contando outra história.

Jim compensou a falta de tagarelice de Raphael.

— Antes disso, ele esteve em uma startup que foi comprada pelo Google.

— Comprada para obter seus funcionários. E trabalhei no Orkut, então... – Ele deu de ombros.

Ter sua empresa comprada pelo talento ainda era uma saída respeitável, e participar do Orkut, primeiro experimento de rede social do Google, era tudo, menos vergonhoso.

— Então por que você não está em alguma praia por aí? – perguntou Jack.

— Ainda não acabei. Os jogos são ótimos. Tive alguns problemas saborosos. Mas quero fazer mais.

Hanna deu uma olhada em Jack, que estava ereto, escutando com atenção.

Raphael continuou.

— Tenho lido sobre o café original que as lojas de ponta oferecem. Ele permite que os produtores vendam diretamente às torrefações a um preço muito melhor. Isso melhora a vida nos países produtores de café. Não vejo por que não poderia ser feito em outros mercados!

Ele fez uma pausa e tomou um gole.

—Jim estava me contando o que vocês já fizeram e acho que poderiam mudar muitas vidas.

Jack começou a vomitar sua ladainha.

— Exatamente, em vez de pagar barato pelo chá e misturar bom e ruim para fazer o medíocre, podemos levar um ótimo chá a todo mundo!

Raphael inclinou a cabeça.

— Por que isso importa para você?

— Eu me preocupo com a qualidade – disse Jack. – Não suporto coisas malfeitas. Minha mãe adorava pechinchas. Comprava qualquer coisa, contanto que estivesse em promoção. Eu tinha 20 calças jeans, e não usava nenhuma fora de casa. E um par de Levi's 501, que usava todos os dias. Quem experimenta algo bem-feito, bem projetado, sabe a diferença. Sei que podemos fazer isso aqui.

Hanna nunca se perguntara por que Jack era tão perfeccionista. Ela atribuíra à esquisitice dos designers. Agora ela via que ele também tinha uma missão. Só não era a mesma que a dela. Talvez, se Raphael entrasse na empresa, ela tivesse alguém sensato com quem fazer uma parceria.

Talvez conseguisse fechar o negócio revelando sua paixão.

Ela se intrometeu.

— Além disso, pense nas pessoas cujas vidas mudaremos. Por exemplo, a Wakamatsu Farms foi fundada pelos primeiros imigrantes japoneses da Califórnia. Hoje, é um patrimônio cultural que acabou de voltar a produzir chá. Conseguiremos levar esse chá aos restaurantes para levantar recursos para a restauração das terras. E há uma fazenda familiar no Havaí, com a qual eu estava conversando hoje de manhã, que adoraria levar seu chá a mais gente. Podemos fazer isso, se tivermos sucesso.

— É exatamente o que quero dizer! – Raphael socou o punho na mesa, e os copos de papelão tremeram. – Trabalho que eleva o padrão! Trabalho que torna o mundo melhor, dando aos empreendedores um modo de competir com a indústria.

Hanna se sentiu empolgada, mas, mesmo assim, também sentia que estava vendendo uma mentira. Não havia como ele entrar sem falar dos OKRs. E Jim também devia saber. Melhor falar logo do que esperar que ele perguntasse. Ela pôs as mãos embaixo da mesa para girar seus anéis, remexendo-os sem que ninguém visse.

— Há algo que deveríamos falar antes de avançarmos. Estabelecemos várias metas essenciais no trimestre passado e não atingimos nenhuma delas.

Jack lhe lançou um olhar como se ela tivesse acabado de traí-los. Talvez tivesse, mas ela não poderia aceitar Raphael com premissas falsas.

— Estabelecemos cinco Objetivos, um sobre valor, um sobre criar uma plataforma, um sobre vendas e... – Ela se interrompeu. Não conseguia recordar os outros dois. Olhou para Jack. Ele deu de ombros. Bom, agora mal importava. – Demos a todos eles Resultados-Chave sob a forma de métricas numéricas. E não cumprimos nenhum. – Ela inspirou fundo, olhou em volta da mesa, depois olhou Raphael. – Compreendo se isso fizer você pensar duas vezes antes de se unir a nós.

Para sua surpresa, Raphael respondeu, alegre como sempre.

— Vocês estão fazendo tudo errado – disse ele. – Não, sério, usei os OKRs em meus últimos dois empregos. Eles funcionam perfeitamente. Mas cinco OKRs? Você nem consegue se lembrar de todos eles. Como a equipe vai conseguir? Carville, o cara que fez a campanha de Bill Clinton, teve dificuldade para impedir que Clinton fizesse aquele discurso chato sobre suas políticas. Toda vez que subia no palco, ele queria falar de educação, política externa, energia, tudo. E Carville dizia: "Se você disser três coisas, é como se não dissesse nada". Sabe, mantenha a simplicidade. É a economia. Concentre-se numa só mensagem importante. É a mesma coisa com os OKRs. Além disso, as verificações semanais não vão acabar nunca se você tiver tantos Objetivos assim!

— Verificações *semanais*? – indagou Jack. – Tentamos não fazer muitas reuniões na TeaBee.

Raphael balançou a cabeça.

— Entendo, mas não é possível estabelecer metas e torcer para que se cumpram. É preciso executá-las em equipe. Isso exige verificações. Exatamente como as reuniões em pé e o planejamento semanal que fazemos no sistema Agile. Pode ser uma reunião boa e útil se houver uma estrutura sendo usada toda semana para guiá-la.

Ele pegou um guardanapo de papel e o desdobrou sobre a mesa. Os vincos dividiam o guardanapo em quatro quadrantes. Ele tirou uma caneta da bolsa do notebook e escreveu: "Objetivo", seguido por três "Resultados-Chave". Depois, escreveu "5/10" depois de cada KR.

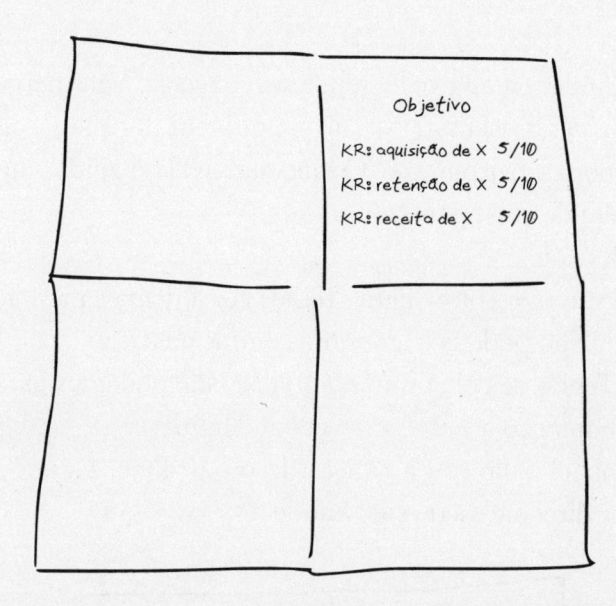

Objetivo

KR: aquisição de X 5/10
KR: retenção de X 5/10
KR: receita de X 5/10

— Vamos lá, então vocês entendem que o Objetivo é a inspiração do trimestre, certo? E os Resultados são o que acontece se fizer tudo certo. Só que é fácil esquecer, porque todo dia surge alguma coisa nova e legal. Então, toda segunda-feira você olha de novo e pergunta: estamos mais perto ou mais longe de atingir esses Resultados? Na SOS, usávamos uma classificação de confiança. Começávamos o trimestre com cinco pontos de dez em cada Resultado-Chave.

— Cinquenta por cento de confiança? Probabilidade de meio a meio para conseguir? – perguntou Hanna.

— Exatamente. As metas não são divididas em normais e difíceis. Todas são difíceis. E precisam ser difíceis. Nunca impossíveis, só difíceis. Metas impossíveis são deprimentes. As difíceis são inspiradoras. – Raphael passou os olhos pela mesa. Agora, Hanna estava inclinada à frente, e Jack, recostado, o contrário de alguns momentos antes. Ele continuou. –

Assim, toda semana vocês têm uma conversa. Você pergunta: subimos ou descemos? Se cair de oito em dez para dois em dez, é bom saber por quê. O que mudou? Isso ajuda a aprender, além de acompanhar.

Jack falou.

— Não tem como, cara. Temos coisa demais para acompanhar. Não podemos ignorar as outras métricas.

— Tenho de concordar com Jack. Não podemos parar de prestar atenção a tudo – concordou Hanna.

Raphael balançou a cabeça, levou a caneta para a parte inferior direita e escreveu: "Saúde".

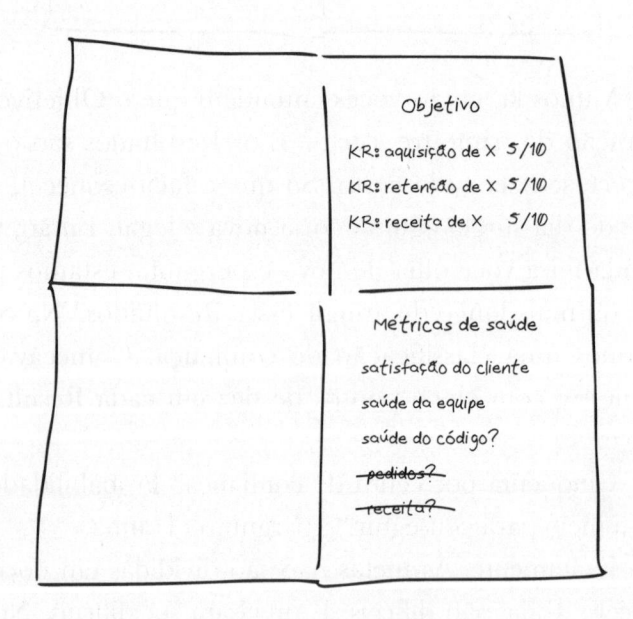

— Calma. Aqui, no quadrante inferior direito, colocamos as métricas de saúde. São as coisas que queremos proteger enquanto tentamos abraçar o mundo aqui em cima. – Ele apontou para os OKRs.

Hanna e Jack se entreolharam, para conferir se o outro também estava confuso. Raphael inspirou fundo.

— Vou explicar. Digamos que escolhemos um Objetivo que seja o crescimento radical do pipeline de vendas. Queremos que o máximo possível de fornecedores e distribuidores faça parceria conosco, não é?

Os fundadores fizeram que sim juntos.

— Bom, não queremos esquecer os clientes atuais na corrida para obter novos. Assim, talvez façamos isso. – Ele escreveu "satisfação do cliente: Verde" no quadrante inferior direito. – Desse modo, toda semana forçamos a discussão para saber se nossos clientes ainda estão satisfeitos. Muita coisa pode ir aqui.

Ele escreveu "saúde da equipe, saúde do código, pedidos, receita", como uma lista. – Mas, exatamente como nos OKRs, queremos foco. Portanto, vamos escolher dois deles para falar toda semana com a empresa inteira e podemos revisar o resto com menos frequência, só nós.

— A satisfação do cliente é fundamental – disse Jack. – Talvez a saúde do código? Ninguém quer um código ruim.

— Um código ruim pode se tornar um problema facilmente – concordou Raphael.

— Não, vejam só, rapazes – interrompeu Hanna. – Código é código, mas somos mais uma empresa de relacionamento do que de tecnologia. Vamos cair na real. Gosto que o Objetivo seja em torno de vendas, mas a saúde da equipe, ou melhor ainda, o lucro, realmente parece mais importante.

— Os OKRs são a coisa que você quer promover, a única coisa em que você quer se concentrar para melhorar – respondeu Raphael. – As métricas de saúde são as coisas importantes para ficar de olho. Tornar as duas iguais não faz muito sentido.

— Que tal satisfação do cliente e saúde da equipe? – perguntou Jack. – Não queremos que ninguém se esgote.

— Eu não me importaria se o pessoal trabalhasse um pouco mais – respondeu Hanna.

— Você não precisa que o pessoal trabalhe mais, você precisa que o pessoal trabalhe nas coisas certas – respondeu Raphael. – Vamos nos concentrar nisso primeiro. Vamos pôr satisfação do cliente e saúde da equipe e seguir com isso por enquanto. Assim, agora temos metas à direita, o que queremos promover e o que queremos proteger.

Ele passou para o lado esquerdo do guardanapo e escreveu "P1" três vezes e "P2" duas vezes.

**Esta semana**
P1: Terminar os comparativos
P1: Debugar o fluxo de pedidos
P1: Ligar para Nevada
P2: Trabalho pós-venda
P2: Planejar o piquenique da equipe

**Objetivo**
KR: aquisição de X 5/10
KR: retenção de X 5/10
KR: receita de X 5/10

**Métricas de saúde**
satisfação do cliente
saúde da equipe
saúde do código?
~~pedidos?~~
~~receita?~~

— Aqui você escreve de três a cinco coisas grandes que fará esta semana para afetar os OKRs. Você as compartilha, e você – ele indica Hanna com a cabeça – pode questionar se estamos dedicando tempo às coisas que vão nos levar aos Resultados.

— Ei, faço mais do que três coisas por semana – reclamou Jack.

— Isso não é um concurso para saber quem trabalha mais – respondeu Raphael. – Você não lista tudo o que faz. Você lista as coisas que têm de acontecer, senão os Objetivos não serão atingidos. A vida sempre nos dá muita coisa para fazer. O segredo é não esquecer as coisas importantes.

— Certo, certo, certo. O que há no último espaço? – perguntou Hanna, apontando o canto inferior esquerdo. Ela se sentia renovada e inspirada.

— Chamo de "atenção". É o *pipeline*, a série de coisas importantes que você espera que aconteça no mês que vem. Desse jeito, marketing, engenharia, vendas e o resto não são pegos de surpresa se algo precisar de apoio.

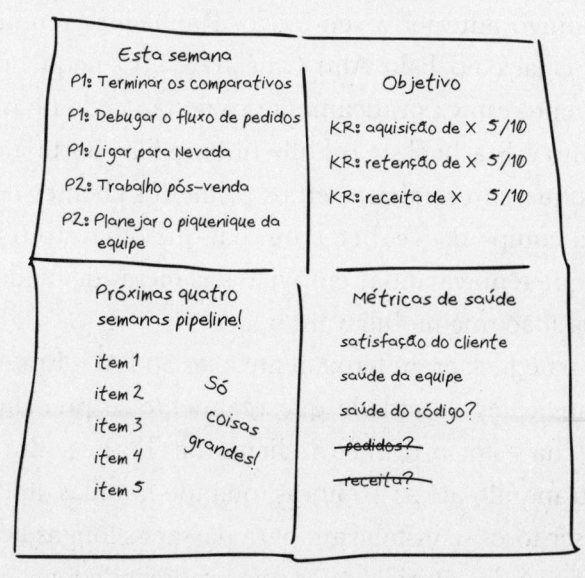

— E então conferimos isso toda semana? – perguntou Hanna.

— É.

— E falamos de cada ponto? Posso cobrar as pessoas que fazem coisas que desviam das metas?

— Esse é seu serviço.

— Acho que pode dar certo. – Pensativa, ela mordeu o lábio inferior. – Acho mesmo que isso pode dar certo.

Eles fizeram planos para Raphael se juntar a eles na segunda-feira como diretor interino de tecnologia, assim ele testaria a empresa e seria testado também. Contudo, Hanna sentiu que era um negócio fechado. Ele era o sócio técnico perfeito. Ela se sentiu um pouco menos sozinha.

## A equipe executiva

No domingo anterior a seu início, Raphael se reuniu com Hanna e Jack no Palo Alto Café (PAC). O pequeno estabelecimento estava praticamente vazio tão cedo de manhã. Enquanto o Starbucks e o Philz tinham filas porta afora de pessoas que iam se abastecer, os primeiros clientes do PAC foram a equipe da TeaBee e um pai que olhava o filho pequeno que tentava andar embaixo das mesas de madeira de segunda mão que mobiliavam o local.

Hanna e Jack eram ferozmente leais ao PAC. Era um dos pequenos cafés da cidade que realmente se preocupavam com o chá e foi o primeiro cliente da TeaBee. Em geral, ficava tranquilo até as 10 horas, quando famílias, aposentados e escritores se instalavam para passar as longas horas do dia. Era um dos últimos cafés sem empreendedores e investidores tentando se vender uns aos outros.

A equipe executiva recém-formada começou a planejar.

— Vamos apresentar o Rapha aqui, na reunião da equipe? – perguntou Jack, truncando informalmente o nome de Raphael.

— Por que não? – respondeu Hanna. – Senão vão ficar curiosos para saber quem é.

— Isso. E talvez você possa mandar um e-mail anunciando hoje à noite – acrescentou Raphael.

Então, Jack olhou Hanna, a sobrancelha erguida.

— Erik?

Ela fez um sinal com o queixo.

— Vá em frente.

Jack trincou os molares, depois cuspiu o que os dois estavam pensando.

— Raphael, há um cara na equipe. Ele... bom, ele está mexendo no código. Para confundir. Para que mais ninguém possa trabalhar nele.

— Demita – respondeu Raphael.

— Bom, nós estávamos pensando... Quer dizer, agora você é o diretor de tecnologia... Você poderia ver o que está acontecendo e demitir o sujeito se puder.

— Nada disso. Vocês contrataram, vocês demitem. Eu cuido do que tiver de ser resolvido depois.

— Mas você não fica preocupado?

— Não é um sistema complicado. Se for preciso, reescrevo. Só não se pode deixar uma maçã podre no lugar. Ela envenena tudo, como diz o ditado. Vocês precisam demiti-lo e precisam fazer isso até o fim do dia de amanhã. Depois, o acompanhem até a saída. Se ele fez o que você disse, não podemos deixar que se aproxime do computador depois da demissão.

Hanna olhou Jack.

— Você é o diretor de produto.

Jack olhou Hanna.

— Você é a CEO.

Hanna fez uma pausa, tomou um gole do excelentíssimo chá. Pensou na mãe e nos avós. Pensou na Tenzo e nos outros produtores de chá.

Então, disse:

— Certíssimo. Ele está fora. – Ela fez outra pausa e olhou Jack. – E, se a situação não mudar, você é o próximo.

Jack não soube dizer se ela estava brincando.

Em sua primeira segunda-feira, Raphael chegou às 8 horas. Hanna estava sentada, digitando em sua mesa. Fez-lhe um aceno vago e voltou a digitar. Logo, ela sentiu cheiro de café e sorriu. Ele achara o estoque que Cameron guardava no congelador.

Às 10 horas, com o escritório cheio, Erik entrou. Hanna parou de digitar e pensou: *"hora do show"*. Fez um sinal de cabeça a Rapha, acampado perto dela numa escrivaninha vazia. Eles se levantaram e levaram Raphael até o grupo de engenharia de sistemas para apresentá-lo à nova equipe.

— Estou sentindo cheiro de café? – perguntou Erik, acusador.

— Nem todo mundo começa o dia com chá – disse Rapha com um sorriso.

— Falou e disse! – respondeu Cameron.

Erik franziu a testa, seu primeiro insulto não fez efeito.

— Olhe, sei que você construiu alguns jogos famosos. No entanto, vou lhe avisar: o chá parece simples, mas não é. Aqui, criamos nosso próprio sistema de gestão de pedidos. É difícil lidar com as flutuações rápidas da oferta, mas criei um algoritmo que consegue prever.

— Bom saber – respondeu Rapha.

— Conhece projetos de algoritmos?

— Um pouco. Trabalhei com buscas em meus dois últimos empregos.

Hanna interrompeu o interrogatório.

— Erik, podemos conversar sobre um problema na sala de reunião? Antes de começarmos? – perguntou ela.

– Ah, eu queria fazer mais algumas coisas.

— Agora – insistiu Hanna.

Ele deu de ombros e estendeu a mão para o notebook.

Ela pôs a mão de leve sobre a máquina.

— Não precisamos disso.

Erik revirou os olhos com uma expressão de "então tá" e a seguiu até a sala de reunião.

Hanna se sentou e fez um gesto para que Erik se sentasse também. Ele continuou em pé.

— Erik, sabemos o que você tem feito com o código. Isso não é aceitável aqui.

Erik enfiou as mãos nos bolsos da calça jeans. Hanna esperou. Esforçou-se para não dizer nada no silêncio. Ela contou os segundos e se manteve calada. Ele abriu a boca, mas pareceu uma eternidade até que dissesse alguma coisa. Como se encaixasse palavras na língua até encontrar as que cabiam.

— O que você está fazendo com a empresa não é aceitável! – cuspiu Erik. – Esta não é mais a empresa em que entrei!

Hanna começou a preparar as próximas palavras. Mas, antes que dissesse alguma coisa, Erik voltou a falar.

— É por causa desse cara dos jogos? O que é isso? Está se preparando para abrir o capital? Você o trouxe só para arrecadar outra rodada? Você está se preocupando com os agricultores? Se preocupando com as pessoas?

Hanna estava horrorizada. Do que ele estava falando? Estavam a anos de distância de qualquer tipo de saída decente e mais longe ainda de uma abertura de capital.

— Erik, olhe. Já faz algum tempo que deixamos bem claro que estávamos procurando um diretor de tecnologia...

— Este lugar está virando o quê? A não ser que voltemos a vender a restaurantes, estou fora.

Ele ficou lá, imóvel, desafiando-a a discutir, exigindo que implorasse para ele ficar.

Ela o olhou, avaliou o desordeiro de um metro e noventa que fedia a cigarro e bagunçava o código, uma serpente na grama. E, quando os ombros dele baixaram um pouquinho, ela respondeu.

— Acho que você não entendeu bem, Erik. Você está demitido.

Quando Hanna e Erik saíram da sala de reunião, Jack e Raphael aguardavam. Durante a reunião, Raphael tinha guardado as coisas de Erik numa caixa que entregou a ele.

Erik ficou espantado.

— Ei, posso pegar algumas coisas pessoais no notebook do trabalho?

Raphael olhou Jack, inclinando de leve a cabeça. Jack tossiu, como se limpasse o medo da garganta, e respondeu.

— Sinto muito. Devido às circunstâncias de sua partida, não podemos permitir.

Erik se inclinou sobre Raphael, agigantado acima do hispânico miúdo.

— Você está condenado, sabia?

— Provavelmente. – Raphael deu de ombros. – Esta é uma startup.

Erik deu uma última olhada ansiosa no notebook, mas foi cambaleando rumo à porta. Hanna foi atrás.

— Teremos de mudar o código de segurança – disse Raphael a Jack.

Jack ficou lá parado, deixando a realidade se infiltrar.

— Caramba. Ela fez mesmo – disse ele.

— Ela é a CEO. E o Erik estava colocando a empresa em perigo. Somos precários demais, novos demais para deixar coisas como essa acontecerem.

— Entendo. Só acho...

Raphael deu as costas à porta para olhá-lo nos olhos.

— Vou deixar o cargo de presidente – continuou Jack. – Não precisamos de um presidente. Precisamos de um diretor de produto. O que realmente importa é garantir que tenhamos produtos de alta qualidade. – Ele faz uma pausa. – Mas é isso que a TeaBee precisa? Passei muito tempo fazendo coisas de que não precisamos, sem prestar atenção nos problemas reais. Não sei se posso realmente ser diretor de produto. Ou vice-presidente de produto, ou sei lá que nome tem.

Raphael se sentou na beira de uma mesa.

— Nenhum de nós sabe se consegue. É por isso que dizem "finja até conseguir". Acha que eu não gostaria de me esconder no Notepad e só programar um pouquinho? Caramba. – Ele olhou os pés um momento, depois voltou aos olhos de Jack. – Só finja que sabe o que está fazendo e se concentre em seus Objetivos. Acredite que os OKRs impedirão que você recaia nos velhos hábitos. É por isso que gosto tanto dos OKRs. Eles me fazem cumprir as promessas, mesmo quando tenho vontade de voltar à zona de conforto. Cara, todos estamos fingindo.

Jack soltou um longo suspiro. Era bom saber que ele não era o único que se sentia um impostor.

Raphael pegou o grampeador na mesa e o girou enquanto continuava.

— Precisamos nos comprometer uns com os outros, com a empresa e com nossas metas. Então, é só executarmos as tarefas como loucos.

Com uma risada, ele grampeou o ar várias vezes.

Jack também riu.

Hanna voltou a entrar.

— E aí? – perguntou Jack.

— Ele se foi. Vamos trabalhar. Estou com vontade de fazer tudo.

Eles foram para a sala de reunião, onde o resto da equipe esperava.

Jack abriu o encontro apresentando Raphael.

— Oi, pessoal. Se não viram o e-mail de ontem à noite, este é o Raphael. Ele está chegando para ser o diretor interino de tecnologia e, se nos comportarmos, talvez até pense em se unir a nós permanentemente.

Houve alguns sorrisos educados de Naoko e Cameron, mas boa parte da equipe estava com a cabeça enfiada nos notebooks. Era como falar com robôs.

Hanna se levantou.

— Gente, haverá mais mudanças do que só a chegada de Raphael. Primeiro, gostaria que todo mundo fechasse os notebooks. Precisamos da atenção de todos.

Ela esperou. Todos os notebooks se fecharam, menos o de Sheryl.

— Só estou terminando um bug... – disse Sheryl, levantando o dedo.

— Acho que o bug ainda estará aí quando a reunião terminar.

A sala ficou em silêncio até Sheryl fechar o notebook.

Hanna iniciou a discussão dos OKRs do trimestre anterior.

— A maioria não atingiu os OKRs do último trimestre...

A equipe explodiu em desculpas.

— Tivemos problemas com o desempenho do site! – disse Sheryl.

— Tivemos de resolver os pedidos errados e o atraso das entregas a Los Gatos! – Cameron entrou na conversa.

— Acho que nosso marketing não está certo – sugeriu Anya.

— Não contratamos um segundo vendedor – acrescentou Naoko.

— E está tudo bem – exclamou Hanna.

A equipe se calou.

— Quer dizer, não muito bem, mas era de se esperar. Andei pesquisando. – Ela indicou Raphael com a cabeça. – E parece que muitas equipes fracassam na primeira vez que tentam os OKRs. Podemos levar mais um trimestre para acertar.

— Temos tempo para isso? – perguntou Sheryl. – Somos pequenos demais para essas coisas de empresa grande, não somos?

Hanna estava pronta para isso.

— O Google começou com os OKRs quando tinha um ano de vida, e com eles deu certo. Muitas empresas pequenas se tornam grandes por causa dos OKRs. E, gente, não atingimos nossos OKRs, mas deveríamos agradecer porque eles nos mostraram que temos um problema de foco.

Silêncio. Hanna continuou.

— Portanto, vamos fazer algumas mudanças neste trimestre. Em primeiro lugar, só teremos um OKR para a empresa. Precisamos nos concentrar em uma única coisa que vai nos fazer ter sucesso ou não: nosso relacionamento com os distribuidores.

Ela olhou a sala. O rosto da equipe estava em branco, mas o sorriso cintilante de Raphael a incentivou a continuar.

— Em segundo lugar, criaremos OKRs ligados à meta da empresa para cada grupo. Em terceiro, vamos estabelecer um nível de confiança para nossos Resultados-Chave. De zero a dez, em todos devemos ter, no mínimo, nota cinco de confiança que alcançaremos. Todas as metas serão difíceis. O mais importante é que vamos conferir nossos OKRs e o que estamos fazendo para cumpri-los todas as semanas, nesta reunião.

A equipe ainda parecia desanimada. Alguns, como Sheryl e Cameron, se inclinaram à frente na cadeira. Estavam com ela.

— Temos um novo formato que gostaríamos de usar na reunião semanal de status. Vamos falar das mudanças de prioridade e confiança. Não é um boletim com notas. É um modo de nos ajudarmos como equipe a cumprir a meta e não sair dos trilhos.

No quadro branco, ela traçou um quadrado dividido em quatro.

— A partir de agora, usaremos isso como nosso formato. Não vamos levar mais de dez minutos por semana para atualizar esse modelo. O primeiro vai levar mais tempo, é claro, mas depois são só retoques.

— Aqui, no canto superior direito, listamos os OKRs. Listamos também o nível de confiança que temos de que vamos realmente cumpri-los. Aqui estão os da empresa no último trimestre, como exemplo.

Ela escreveu:

**Objetivo:** Oferecer valor claro aos distribuidores como fornecedor de chá de qualidade.
**KR:** 85% de renovação dos pedidos 5/10.
**KR:** 20% de renovação pelo autoatendimento 5/10.
**KR:** Receita de 250 mil dólares 5/10.

Então, ela continuou:

— Observaram que todos os meus níveis de confiança são cinco? É porque quero que sejam bem ousados, mas não impossíveis. Se conseguirmos atingir dois dos três, ficarei muito orgulhosa de nós. Vou atualizar a confiança da empresa a cada semana. Raphael fará os da engenharia, Jack os do produto, inclusive o design, Frank fará o de vendas e Naoko, as finanças.

— Quero que vocês se sintam à vontade para perguntar por que minha confiança sobe e desce. Esse é um documento em discussão.

Jack se uniu a ela à esquerda do quadro.

— Aqui, no canto superior esquerdo, vamos listar as três coisas principais que estamos fazendo esta semana para atingir o Objetivo. Vamos marcar por prioridade: P1 para o que é necessário ser feito, P2 para o que deve ser feito. Não vamos nem pôr na lista o que for menos do que isso, e não listaremos mais do que as quatro principais. Foco!

Ele escreveu:

**P1:** Fechar negócio com a TLM Foods.
**P1:** Novas especificações do fluxo de pedidos.
**P1:** Três bons candidatos a vendedor para entrevistar.
**P2:** Criar a descrição de cargo para atendimento ao cliente.

— Às vezes, é bom acrescentar uma P2 – disse ele – caso vocês achem que seria bom o grupo saber de alguma tarefa, mas a meta não é contar aos outros cada coisinha. Só as coisas grandes, as coisas em que todos podem ajudar ou que pelo menos deveriam ficar sabendo. Sabemos que todos estão trabalhando muito. Só queremos garantir que estamos fazendo as coisas certas.

Então, ele preencheu o canto inferior esquerdo.

— É aqui que vocês colocarão a lista das coisas mais importantes em que estão planejando trabalhar depois. Isso é só para deixar todo mundo alinhado, caso seja preciso comprar servidores ou preparar o marketing. Listem as coisas grandes que vão acontecer nas próximas quatro semanas, mais ou menos.

Finalmente, Hanna apontou a parte inferior direita.

— Aqui ficam nossas métricas de saúde. Vamos impelir a equipe com intensidade e queremos ter certeza de que todo mundo está bem, sem se esgotar nem ficar de fora. Qual vocês acham que deveria ser nossa segunda métrica de saúde?

Houve uma conversa vigorosa, em que as pessoas falaram de coisas que achavam que deviam ser acompanhadas, como saúde do código e satisfação do cliente, mas finalmente se comprometeram com a felicidade dos distribuidores de restaurantes. Isso manteria todo mundo concentrado nos novos clientes.

— Vamos marcar em vermelho, amarelo e verde. Sei que é meio impreciso, mas queremos ter uma noção de como estamos indo e conversar sobre as soluções. Por exemplo, na satisfação do cliente, o vermelho seria usado para quando perdermos clientes e o amarelo se acharmos que estamos prestes a perder. – Ela fez uma pausa, se sentindo um pouco nervosa. Não fazia ideia de como seria a segunda parte da conversa. – Como devemos marcar hoje? – perguntou Hanna.

— Amarelo – disse Cameron. Jack e Hanna se viraram para o engenheiro normalmente tranquilo. – Hã, bom, quando vocês saem para vender, eu atendo o telefone. Sheryl não gosta, e Erik está sempre de fones. *Estava.* E os distribuidores me fazem muitas perguntas sobre como o site funciona. Acho que eles não gostam muito.

Jack fez uma careta pesarosa. Era ele quem deveria estar prestando atenção aos usuários.

— Eu sei, vamos consertar isso este trimestre.

— E a saúde da equipe? Vermelha? – arriscou Jack. – Por causa das mudanças?

— Amarelo – retorquiu Sheryl. – Erik não era tão importante quanto pensava. Veremos como fica com o novato.

Ela sorriu, e a equipe caiu na risada ao perceber que ela estava brincando.

Hanna finalmente relaxou. Se a taciturna Sheryl estava brincando, talvez houvesse uma chance de aquilo funcionar.

— Tudo bem, pessoal, agora vamos estabelecer os OKRs deste trimestre!

Cameron franziu a testa.

— Você não vai nos dar os OKRs? Como no trimestre passado?

— Não – respondeu Hanna. – Vou fazer uma pergunta burra. Devemos trocar esta mesa de reunião?

— Claro que não – respondeu Cameron.

— Por que não? – perguntou Hanna. – É bamba e, se contratarmos mais dois vendedores, não vamos caber em torno dela.

— Não podemos jogar fora! Eu me lembro de quando mudamos para este escritório. Eu e Jack levamos três horas para entender as instruções e montar.

— Você disse tudo. Valorizamos as coisas que fazemos juntos. Vamos estabelecer nossos Objetivos juntos. Vamos escolher os Resultados-Chave como equipe. E vamos atingi-los como equipe também. Esta empresa é nossa. Temos sucesso ou fracassamos juntos.

Então a equipe começou a trabalhar em seus novos OKRs e prioridades.

## Hanna, sexta-feira, um mês depois

— Demonstração! – gritou Raphael.

Seus engenheiros se levantaram e começaram a ligar um notebook à TV de tela grande e a arrumar cadeiras em volta.

— Estou falando com todo mundo! – berrou ele. – Venham vocês, vendas! – Ele ainda não conseguira decorar o nome de todo mundo. E então: – Hanna, largue essa planilha e venha conosco! Cerveja!

Hanna tinha esquecido o dia da demonstração. Raphael avisara que ocuparia o escritório às sextas-feiras, por volta das quatro horas. Planejava demonstrar o trabalho que os engenheiros tinham feito naquela semana. Ela se alongou, suspirou para o trabalho que agora não faria e andou até o fim do grupo. Nas sextas-feiras normais, os fundadores trabalhavam até tarde enquanto os vários funcionários iam embora timidamente, um por um. A semana costumava terminar sem graça, não sendo um evento. Hoje seria diferente?

Os engenheiros mostraram o código que tinham programado, fazendo demonstrações de partes da nova interface de apoio aos distribuidores. Até a reticente Sheryl mostrou a reconfiguração do banco de dados para aceitar a API do sistema de renovação de pedidos. Hanna ficou aliviada. Finalmente, trabalho rumo aos verdadeiros Objetivos!

Então, quando Hanna achou que a coisa ia acabar, Jack se apresentou. Fez um gesto para Anya acompanhá-lo.

— Temos algumas novas orientações para as páginas de informações para distribuidores que gostaríamos de mostrar.

Hanna ficou empolgada ao ver os leiautes. Mais progresso rumo aos Objetivos que tinham em comum! Ela também andava pensando no que Jack e Anya faziam o dia todo. Ver o projeto em vários estágios de conclusão a fez perceber que a coisa era bem complicada. Na verdade, sentiu-se melhor a respeito das duas equipes. E isso a fez pensar no que todos os outros faziam o dia inteiro.

Quando terminaram de discutir os novos projetos, Hanna foi para a frente do grupo.

— Pessoal, isso foi ótimo! Mas sei que temos mais para compartilhar. Frank? Alguma venda?

— Bom, consegui que uma pequena empresa chamada Tasteco assinasse.

Hanna soltou uma gargalhada pouco comum.

— Caraca! Fiquei um bom tempo atrás deles! Assim chegamos ao Meio-Oeste! Parabéns!

Então Jack interrompeu:

— E aí, Hanna? O que você andou fazendo?

Hanna balançou a cabeça. Só Jack a deixaria sob os refletores daquele jeito.

— Encontrei alguém para trabalhar em meio expediente no atendimento ao cliente! Ela se chama Carol Lundgren e montou a equipe de atendimento ao cliente da E-Pen. O filho dela está começando a pré-escola e ela procura um lugar que se disponha a ser flexível com o horário de trabalho. Assim, conseguimos trazê-la!

A equipe explodiu em aplausos espontâneos.

Desse modo, a equipe da TeaBee continuou, tomando cerveja e contando as histórias da semana. Hanna se viu zonza com todo o progresso extraordinário que tinham feito. O mais importante é que o clima na sala tinha mudado. Era difícil acreditar que, apenas um mês atrás, eles estavam se arrastando, sentindo-se incompetentes.

Jack foi até onde Hanna tinha se apoiado na beira de uma mesa e se sentou ao lado dela, perto o suficiente para falar baixinho sem ser ouvido por mais ninguém.

— Encerrei mais cedo o contrato de Anya. Hoje é o último dia dela.

— O quê? Os leiautes estavam ótimos!

— É, mas posso assumir se precisarmos de revisões. O trabalho dela não era P1. Não ajudava os OKRs.

Hanna olhou as folhas que flutuavam no fundo da xícara de seu chá Dragon's Fog. Pensou ter visto uma forca minúscula, e franziu a testa.

— Ei! Não fique nervosa. Os designers são a mercadoria mais abundante do Vale do Silício. Ela já tem outro serviço. Se não nos concentrarmos em manter esta empresa na superfície, não será só ela a ter de procurar emprego.

Hanna deu um leve sorriso.

— Ah, essa língua eu consigo entender.

A equipe fez das comemorações de sexta-feira parte do ritmo semanal. Toda segunda, planejavam juntos e se comprometiam uns com os outros. Tinham as conversas duras, tão necessárias numa empresa jovem. E, toda sexta-feira, comemoravam. Em algumas semanas, parecia que nunca atingiriam seus OKRs, mas as "sessões da vitória" da sexta-feira (como começaram a chamá-la) davam a todos esperança para continuar tentando. Era incrivelmente motivador. Todos queriam contar alguma vitória e trabalhavam com afinco durante a semana para encontrá-la. A equipe começou a sentir que fazia parte de algo mágico.

### Felizes para sempre?

Um trimestre depois, a equipe fez uma verificação muito diferente. Todos os Resultados-Chave tinham sido atingidos. A equipe ficou em júbilo e se envolveu numa conversa empolgada.

Raphael despejou água fria na empolgação.

— Ei, pessoal, isso não é bom. Será que estamos sendo complacentes?

— Complacentes? – perguntou Jack.

— Sabe, estabelecendo metas que sabemos que conseguimos atingir. Para nos sentirmos bem. Em vez de estabelecer metas realmente difíceis.

A sala ficou em silêncio. Hanna trincou os dentes. Preparou-se em silêncio para superar a queda inevitável do moral.

Então, Jack voltou a falar.

— Bom, então é só estabelecermos umas metas bem violentas dessa vez. Já vi do que vocês são capazes nas sextas-feiras. Vamos detonar!

Ouvir aquele inglês azedo usar a gíria do Vale do Silício fez todo mundo rir. A equipe foi em frente e criou as metas mais difíceis até então.

## Hanna, seis meses depois

No trimestre seguinte, a equipe voltou a se reunir para revisar as metas. Como Hanna previra, não couberam todos em torno da mesa de reunião. Carol se sentou com a equipe de atendimento ao cliente, em cadeiras encostadas na parede, um pouco atrás da equipe de vendas. Mindy, a mais nova funcionária do atendimento ao cliente, flertava abertamente com Frank. Mas Hanna não conseguia se preocupar. Embora dessa vez só atingissem dois Resultados-Chave da empresa, os dois eram importantíssimos, e Hanna tinha duvidado que conseguiriam.

Jack quase dançava ao liderar a equipe durante o estabelecimento das metas do trimestre seguinte. Além de todos os distribuidores usarem o site para renovar os pedidos, a TeaBee tinha conseguido o primeiro lead de negócios através do site.

Enquanto isso, Raphael fora à Argentina e fizera contato com agricultores de lá. Agora, tinham pequenos produtores de erva-mate oferecendo seu chá para os distribuidores. Sarah, a nova diretora de marketing, fez um plano para criar a moda da erva-mate.

Nem tudo foi comemoração. Sheryl tinha se entediado, agora que os problemas difíceis estavam resolvidos, e pediu demissão. Contudo, saiu em boas condições, e, entre as comemorações de sexta-feira e os lembretes incansáveis de Raphael sobre os Objetivos da empresa, a equipe de engenharia de software cresceu e prosperou. A TeaBee era um bom lugar para trabalhar e estava se tornando um bom lugar para os produtores de chá do mundo.

## Hanna, um ano depois

Hanna se sentou à sua mesa, fitando os e-mails. Estava feito. Tinham concluído a Série A de captação de recursos. Tinham financiamento! Estavam resolvidos durante pelo menos um ano! Ela girou na cadeira para olhar os meninos. Jack e Raphael estavam sentados, inclinados para um monitor, e Raphael apontava alguma coisa na tela. "Não encosta o dedo!", ralhou Jack, e os dois riram.

Hanna suspirou. Agora tudo era mais fácil. Toda semana compartilhavam suas metas, incentivavam-se e apoiavam-se uns aos outros. Toda semana os números subiam. Ela observou os rapazes conversarem sobre o novo *dashboard* de compradores, trocando ideias com tranquilidade. Até as discordâncias eram mais fáceis agora.

Hanna se recostou na cadeira e fechou as mãos em torno de seu chá Longjing recém-preparado. Talvez guardasse as boas notícias. Amanhã seria a sessão de vitórias da sexta-feira. Seria ótimo ter as melhores notícias para se gabar.

# A ESTRUTURA

## Por que não conseguimos fazer as coisas

Todos queremos muito que certas coisas aconteçam. Talvez seja uma viagem à Tailândia, talvez voltar a estudar. No entanto, os anos passam e a meta ainda continua só uma meta, não uma realidade. Se for o CEO ou gestor, você quer coisas para sua empresa. Quer entrar naquele novo mercado, entender os aplicativos para celular ou aumentar a competência numa área em que é fraco, como *design* ou atendimento ao cliente. Só que, mesmo nas empresas mais bem-sucedidas, muitas vezes o que decidimos que tem de acontecer não acontece.

Por quê? Se é importante, por que não acontece? Acredito que haja cinco razões.

### Um: não priorizamos nossas metas

Há um velho ditado: "Quando tudo é importante, nada é". É muito comum termos muitas metas concorrentes, e todas parecem igualmente importantes. E podemos *achar* que são igualmente importantes, mas, se eu lhe pedisse que as classificasse em vez de escolher entre elas, provavelmente você as colocaria em ordem de importância. Depois de priorizar, trabalhar com uma de cada vez tem uma probabilidade de sucesso muito maior.

É a mesma coisa em uma empresa, só que pior. Com tanta gente correndo de um lado para o outro, você tem certeza de que consegue fazer muitas metas avançarem. Mas a realidade é que administrar uma empresa, por si só, exige muito trabalho. Todo dia, as pessoas correm muito para ficar no mesmo lugar: preenchendo pedidos, agradando clientes, cuidando do hardware. Acrescente-se o ruído de fundo de meia dúzia de metas e você garante que pouquíssimo além da necessidade mínima acontecerá.

Ao estabelecer um só Objetivo, medido por apenas três Resultados-Chave, você oferece o tipo de foco necessário para obter grandes coisas apesar das pequenas distrações da vida.

## Dois: não comunicamos a meta de forma obsessiva e abrangente

*"Quando estiver cansado de dizer, as pessoas começarão a ouvir."*
*— Jeff Weiner, CEO do LinkedIn*

Depois de escolher a meta em que quer que a equipe se concentre, é preciso reiterá-la diariamente. Mas não basta falar sobre ela. É preciso adicionar lembretes em todos os aspectos da vida da empresa. O progresso rumo à meta precisa ser marcado em reuniões e e-mails semanais de status. Os projetos têm de ser avaliados em relação à meta. Estabelecer a meta e depois ignorá-la é uma receita fácil de fracasso.

Ao repetir a meta continuamente toda segunda-feira nas reuniões de compromisso, nos e-mails semanais de status e na comemoração das vitórias na sexta-feira, garantimos que a meta está em primeiro plano na mente de todos e ligada a todas as atividades.

## Três: não temos um plano para fazer as coisas

Depois de saber a única coisa que é preciso que aconteça, achamos que a força de vontade é o suficiente. "É só fazer", certo? Errado.

Quando querem emagrecer, as pessoas têm melhor resultado com os Vigilantes do Peso do que com a força de vontade. Quando querem entrar em forma, têm melhor resultado com *personal trainers* do que com a força de vontade. E é assim porque a força de vontade é um recurso finito. Isso foi demonstrado num estudo famoso de Roy Baumeister, em 1998, no qual os participantes proibidos de comer um prato de rabanetes conseguiu trabalhar o dobro do tempo em problemas matemáticos insolúveis do que os proibidos de comer biscoitos com gotas de chocolate recém-assados. (Também descobri que não é preciso muita força de vontade para não comer rabanete.) Depois de um longo dia sem pedir demissão, sem matar os colegas nem clicar em "Responder a todos" naquela corrente, recusar uma fatia de bolo de aniversário é algo muito além da força de vontade de qualquer um.

Você precisa de um processo que ajude a entender o trabalho que precisa fazer e o mantenha nos trilhos mesmo quando estiver cansado. O processo lembra o que fazer, mesmo quando você não tem vontade. O sistema original de OKR era apenas um modo de estabelecer metas difíceis e inteligentes. Já aquilo que o cerca – compromisso, comemorações, verificações – assegura que você continue a avançar rumo às metas mesmo quando a vontade é de comer biscoito.

# Quatro: não criamos tempo para o que é importante

*"O importante raramente é urgente, e o urgente raramente é importante." – Dwight Eisenhower*

A Matriz de Eisenhower é uma ferramenta popular de gestão do tempo. A maioria se concentra no canto inferior direito, onde você para de fazer o que é desimportante e não urgente. Porém, como tanta gente leva o canto superior esquerdo a sério e programa o que *tem* de ser feito? As coisas urgentes são feitas, tanto as importantes quanto as sem importância, porque sentimos fortemente a pressão do tempo. A não ser que levemos essa pressão a outras coisas importantes, elas continuarão vivendo na terra do amanhã. E, como vivemos na terra do hoje, nunca as fazemos. Reserve tempo para fazer o que importa.

Não há nada tão revigorante quanto um prazo. Quando se compromete, toda segunda-feira, a trabalhar para atingir o Objetivo, você garante que é responsável pelo progresso.

**MATRIZ DE EISENHOWER**

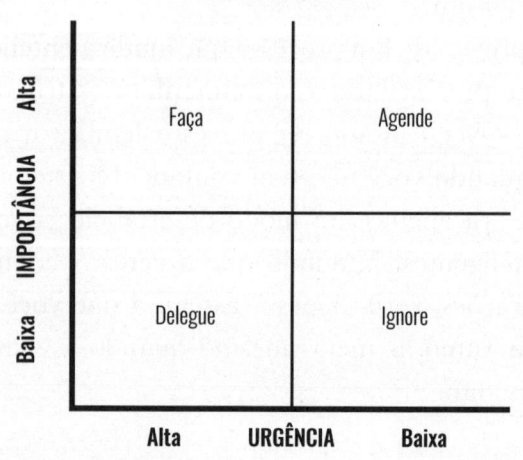

## Cinco: desistimos em vez de reiterar

*"Todas as famílias felizes são iguais; todas as famílias infelizes são infelizes a seu modo." – Lev Tolstoi*

Quando trabalho com os clientes para implementar os OKRs, aviso: vocês vão fracassar na primeira vez. Todos fracassam, mas cada um fracassa a seu modo.

Talvez a empresa descubra que seu pessoal é complacente e consegue cumprir todos os Resultados-Chave na primeira tentativa, porque ninguém nunca estabelece metas difíceis. É uma empresa com medo de falhar que nunca aprendeu o que é uma meta difícil. No ciclo seguinte, terão de se esforçar mais.

Talvez a empresa seja o contrário e ninguém atinja os Resultados-Chave porque todos vivem prometendo demais e cumprindo de menos. É uma empresa que mente para si mesma. Precisa aprender do que é realmente capaz.

A falha mais comum é não acompanhar o esforço rumo aos OKRs. Já vi muitas empresas estabelecerem OKRs e ignorá-los pelo resto do trimestre. Quando chega a última semana, ficam surpresas ao ver que não houve progresso nenhum.

As empresas bem-sucedidas são todas parecidas do mesmo jeito: quando falham, tentam de novo. Aprendem com o fracasso e ajustam a abordagem. A única esperança de sucesso em qualquer iniciativa é a repetição. Isso não significa tentar cegamente a mesma coisa várias vezes. Acredito que essa seja a definição de insanidade. Na verdade, você acompanha de perto o que dá certo e o que não dá, e faz mais do que dá certo e menos do que não dá. A raiz do sucesso é o aprendizado.

## O caminho do sucesso

Estabelecer suas metas não é complicado. É só difícil. Difícil como "coma menos e se exercite mais". Exige prática e disciplina.

- Escolha a meta mais importante. Não seja ganancioso e pouco realista tentando fazer tudo ao mesmo tempo.
- Conceitualize a meta de forma clara: como ela é, quando se realiza, o que exatamente você quer.
- Afirme essa meta clara e conceitual em todas as mensagens, várias e várias vezes, até todos entenderem e a buscarem.
- Faça um plano que te mantenha avançando, mesmo que esteja cansado e desanimado.
- Invista tempo no cumprimento da meta em vez de esperar infinitamente por um amanhã que nunca chega.
- Esteja preparado para o fracasso, disposto a aprender e pronto para tentar de novo.

A primeira parte desta seção se dedica aos conceitos centrais para a utilização de OKRs, tanto para uma startup minúscula quanto para um grupo dentro de uma organização maior. A segunda parte é focada em implementação, exceções e variações dos rituais centrais.

Nossa jornada rumo aos sonhos começa com o desejo, mas só chegamos lá nos concentrando, planejando e aprendendo.

# Os fundamentos dos Objetivos e dos Resultados-Chave

Esta seção do livro trata dos conceitos básicos da metodologia OKR.

# POR QUE OBJETIVOS E RESULTADOS-CHAVE SÃO IMPORTANTES

Embora hoje os OKRs tenham sido adotados por empresas do mundo inteiro, não era assim quando os conheci na Zynga, em 2011. Na época, a Zynga era uma startup que tentava mudar o mundo interligando as pessoas por meio de jogos. Só posso falar da época em que trabalhei lá, mas, enquanto estive na Zynga, ela foi uma das empresas que mais cresceram no Vale do Silício. Como qualquer empresa, tinha suas disfunções, mas me lembro muito bem de que a Zynga era ótima em cumprir metas e em ficar cada vez mais inteligente como organização. Os OKRs permitiram à Zynga concentrar muitos "estúdios"[1] independentes no que era realmente importante para a empresa como um todo, capacitando esses estúdios a escolher por conta própria como aplicar a estratégia e enriquecendo a empresa com informações exclusivas que alimentaram um crescimento sem precedentes.

Como a Zynga encontrou os OKRs? A estrutura do sistema que viria a se tornar os Objetivos e Resultados-Chave veio da Intel, onde Andy Grove implementou o sistema de Administração por Objetivos de Peter Drucker. John Doerr, ex-executivo da Intel e hoje sócio da Kleiner Perkins, pregou os OKRs a todas as startups em que investiu, inclusive o Google e a Zynga. As duas empresas adotaram o sistema e

---

1. "Estúdio" era uma equipe pequena e autônoma concentrada em construir e aprimorar um jogo. Em geral, não tinha mais do que 50 pessoas e funcionava como uma startup, só recorrendo à empresa-mãe para assuntos como T.I. e promoção cruzada.

o usaram para unificar e incentivar o pessoal. Muitas outras empresas adotaram os OKRs, como o LinkedIn (que adotou os OKRs depois que saí) e a General Assembly (onde dei cursos em 2013). Os OKRs foram um acelerador eficaz de seu crescimento. Nos últimos seis anos, usei OKRs na vida pessoal e profissional com ótimos resultados. Quando saí da Zynga, eu estava esgotada física e mentalmente. Hoje, sou autora de bestsellers e tenho meu emprego dos sonhos como professora do departamento de ciência da computação da Universidade de Stanford. Os OKRs dão certo, tanto para pessoas quanto para empresas.

Quando saí da Zynga, assessorei startups. Vi várias vezes que elas passavam por dificuldades com uma falta de foco dolorosa e potencialmente fatal. Até startups que tinham encontrado o encaixe Produto-Mercado achavam dificílimo fazer todos os funcionários trabalharem rumo àquela visão validada. Todas corriam contra o relógio para não ficar sem recursos, pois precisavam obter o tipo de resultado que abre o bolso dos investidores antes de não poder pagar os salários. Como ajudar essas empresas iniciantes a se concentrar no que era importante? Acho que você sabe.

## O que são OKRs?

OKR significa **Objectives and Key Results** (em português, **Objetivos e Resultados-Chave**). A forma dos OKRs foi mais ou menos padronizada. O Objetivo é qualitativo, e os Resultados-Chave (em geral, três) são quantitativos. Os OKRs são usados para deixar um grupo ou indivíduo focado numa meta ousada. O Objetivo estabelece a meta para determinado período, em geral um trimestre. Os Resultados-Chave dizem se o Objetivo foi atingido no fim desse tempo.

Os OKRs são um método para estabelecer e cumprir metas. Não é um sistema complexo, mas para as empresas pode ser difícil mudar de hábito. Quando adotar os OKRs, prepare-se para aprender os pontos fracos e fortes de sua empresa. Então, corrija o que estiver desalinhado e tente outras várias vezes.

Neste livro, falarei sobre um conjunto de OKRs quando me referir a um dado grupo de Objetivo e Resultados-Chave. Falarei em OKRs quando se tratar da metodologia, que inclui estabelecer o objetivo, verificar o progresso semanalmente e dar notas no fim do período (em geral, um trimestre).

## Como escrever um bom Objetivo

Seu Objetivo é uma única frase que seja:

### Qualitativa e inspiradora

A função do Objetivo é fazer as pessoas pularem da cama pela manhã com empolgação. E, embora CEOs e investidores possam pular da cama pela manhã com alegria por um ganho de 3% nas conversões, a maioria dos mortais comuns se empolga com a sensação de propósito e progresso. Use a linguagem de sua equipe. Se quiserem usar gíria e dizer "vai fundo" ou "arrasou", use essas palavras. Se disserem "que delícia" e "manda ver", é essa a linguagem para a equipe.

## Temporal

É comum assumir trabalho demais ou de menos nas primeiras vezes em que usar os OKRs. Mas, com a prática, você aprenderá a dimensionar seu objetivo. As startups iniciantes raramente terão um Objetivo anual (há algumas exceções, como biotecnologia, bancos e medicina) e, em geral, estabelecem OKRs trimestrais. Já as empresas maiores precisam de OKRs anuais e trimestrais. Exemplos como "levar ao mundo nosso produto de nível internacional" e "levar ao Canadá nosso produto de nível internacional" mostram como pode ser difícil dimensionar. Podemos mesmo levar nosso produto a todo o Canadá em três meses? Ou só à Colúmbia Britânica? Talvez apenas a Vancouver? Você precisa seguir seu melhor palpite e, no fim de três meses, descobrir se mirou alto ou baixo demais.

## Viável para a equipe de forma independente

Esse é um problema menor para as startups, mas as empresas maiores têm dificuldades com OKRs por causa da interdependência. Seu Objetivo tem de ser realmente seu e não é possível usar a desculpa de que "o marketing não soube vender". Isso significa que algumas equipes não terão OKRs e usarão os conjuntos de OKRs da empresa ou da equipe de produto para priorizar o trabalho de apoio.

O Objetivo é como uma declaração de missão, só que para um período mais curto. Vejo da seguinte forma: a missão é um Objetivo para cinco anos, e o Objetivo é uma missão para três meses. Um Objetivo ótimo inspira a equipe, é difícil (mas não impossível) de conseguir no prazo e pode ser feito de forma independente pela pessoa ou pessoas que o estabeleceram.

Eis alguns bons Objetivos:

- Controlar o mercado de venda direta de café para empresas em South Bay.
- Lançar um produto mínimo viável que impressione os gerentes de produto.
- Transformar o hábito de uso de cupons de desconto em Palo Alto.

E alguns Objetivos ruins:

- Aumentar as vendas em 30%.
- Dobrar nossa base de usuários.
- Receita de 2 milhões de dólares.

Por que esses Objetivos são ruins? Provavelmente porque são Resultados-Chave.

## Resultados-Chave

Os Resultados-Chave pegam toda aquela linguagem inspiradora e a quantificam. Você os cria com uma pergunta simples: "Como saber que atingimos nosso Objetivo?" Isso leva você a definir o que quer dizer com "incrível", "matador" ou "um arraso". Tipicamente, os Resultados-Chave são três, mas já vi de um a cinco. Eles podem se basear em qualquer coisa mensurável, como crescimento, engajamento, receita, desempenho ou fidelidade.

Se escolher os KRs com sabedoria, você poderá equilibrar forças como crescimento e desempenho ou receita e qualidade e garantir que as forças potencialmente opostas estejam representadas.

"Lançar um produto viável mínimo incrível" pode ter os seguintes Resultados-Chave:

- 40% dos usuários voltam duas vezes por semana.
- Nota 8 de recomendação.
- 15% de taxa de abertura da newsletter.

Se você nunca trabalhou com essas métricas, acredite, elas são difíceis. Se não tiver uma linha de base para a métrica que pretende medir, use um palpite. Até o fim do trimestre, você estará bem mais esperto.

## O básico para estabelecer Resultados-Chave

Comece examinando seu Objetivo. Por exemplo, "nossos clientes nos amam tanto que são nossa equipe de vendas". Agora, pergunte: "se nossos clientes fossem nossa equipe de vendas, que números mudariam?" Costumo olhar o Objetivo e ver se há palavras que possam ser quantificadas. No exemplo acima, "gostar" se torna NPS,[2] e "vendas" se transforma em indicações. Ambos são resultados mensuráveis.

---

2. O *Net Promoter Score* (NPS), em português, Pontuação Líquida de Promoção, é uma ferramenta administrativa que pode ser usada para avaliar a fidelidade das relações com o cliente de uma empresa. Não gosto muito dessa abordagem para medir a satisfação do cliente, mas a uso como exemplo porque é amplamente adotada. Muita gente acha que é um mau indicador; se estiver buscando uma métrica de qualidade, recomendo que pesquise. Saiba mais em: https://hbr.org/2019/10/where-net-promoter-score-goes-wrong.

**KR:** NPS > 7.

**KR:** + 25% de indicações.

**KR:** Resultado da pesquisa "como você ouviu falar de nós": + 20% de amigos e familiares.

O uso de OKRs ajuda a fazer com que o pensamento da equipe passe da produção para o resultado. Pode exigir algumas tentativas, mas você terá mais sucesso quando se concentrar em resultados.

Gosto de desenvolver os Resultados-Chave usando uma técnica chamada *freelisting*, ou listagem livre. É uma técnica para pensar em projetos. Basta escrever o máximo possível de ideias sobre um tópico, colocando uma ideia em cada Post--it. Dessa forma, é possível rearrumar, descartar e manipular as ideias geradas. É um modo de fazer brainstorming muito mais eficaz e resulta em ideias melhores e mais diversificadas. Dê às pessoas um pouquinho mais de tempo para passarem pelo óbvio e, eventualmente, chegarem no inovador.

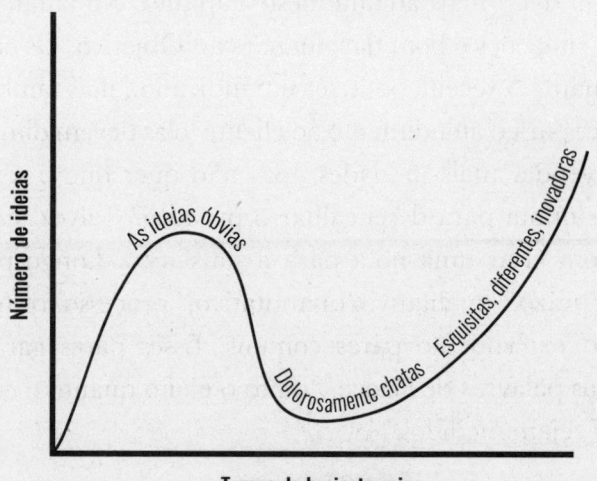

**Tempo de brainstorming**

Então, a equipe deve classificar as métricas. As que indicarem melhor o progresso vão para o alto da lista, as menos confiáveis, para baixo. Finalmente, pense nas consequências desses Resultados-Chave. Em *Gestão de alta performance*, Andy Grove fala de "parear indicadores":

> Os indicadores tendem a direcionar sua atenção para o que eles estão monitorando. É como andar de bicicleta: tendemos a guiá-la para onde estamos olhando. Se, por exemplo, você começar a medir meticulosamente seus níveis de estoque, é provável que tome medidas para reduzir o estoque, o que é bom... até certo ponto. Seu estoque pode ficar tão enxuto a ponto de você não ser capaz de reagir a variações na demanda sem criar uma escassez. Como os indicadores direcionam suas atividades, é importante proteger-se de reações exageradas. Isso pode ser feito *pareando* indicadores, a fim de medir tanto o efeito quanto o contraefeito.

Às vezes, as métricas de saúde contrabalanceiam os OKRs, e falarei delas mais adiante neste capítulo. No entanto, em outras situações é bom dar nuances ao Objetivo. Os clientes nos amam? A receita pode ser um indicador, mas também as ligações para o atendimento ao cliente (elas devem diminuir). Quer vender mais unidades, mas não quer que o setor de vendas minta para desencalhar o produto? Talvez também seja bom criar uma nota para a satisfação. Longo prazo/curto prazo, qualitativo/quantitativo, processo/resultado, interno/externo são pares comuns. Esses pares garantem que, nas palavras de Grove, "tanto o efeito quanto o contraefeito" sejam medidos.

Alguns pontos a considerar no desenvolvimento dos Resultados-Chave:

- Temos uma linha de base? Talvez seja preciso medir algo durante um ou dois meses antes de ficar à vontade para estabelecer Resultados-Chave.
- É fácil de medir? Eu me lembro de conversar com um grupo que queria melhorar as reuniões chatas. Foi sugerido o comparecimento. Perguntei: "Vocês querem mesmo medir isso?" Eles poderiam, mas preferiram não medir. Acharam que ninguém se lembraria.
- É um sinal forte ou fraco? Que confiança você terá se o número for atingido?

## O término de um projeto pode ser um KR?

Se você transformar um projeto em Resultado-Chave, ficará preso a ele mesmo que não dê certo. Não é bom se comprometer com uma tática que pode se transformar em uma escolha ruim. É melhor visar a um resultado. Vamos supor que seus OKRs sejam assim:

**O:** Os clientes nos amam tanto que são nossa equipe de vendas.
**KR:** Nova área de ajuda com autoatendimento.
**KR:** Marketing baseado em amor com anúncios na TV.
**KR:** O treinamento em vendas termina com atendimento ao cliente.

É plenamente possível atingir todos esses Resultados-Chave e nenhum dos números que você acha importantes se mexer. A receita continuaria igual; a aquisição cairia – e a retenção despencaria. Quando a equipe verifica listas de afazeres em vez de observar as métricas, você institucionaliza o autoengano.

## Faça perguntas sobre tarefas para descobrir a métrica real e importante

Quando estabelecem seus OKRs, as equipes de linha de frente colocam táticas neles. Engenheiros, designers e gerentes de produto são profissionais de soluções. Se perceber uma tarefa ou projeto listado como Resultado-Chave, faça algumas perguntas:

- Por que esse projeto? Por que ele é importante?
- O que ele realizará? O que mudará?
- Como saber que teve sucesso?
- Que números mudarão se der certo?
- Como isso se liga ao Objetivo da empresa?

Se você tiver em seus relatórios um OKR como este:

**O:** Nova área de ajuda com autoatendimento.
**KR:** Melhor busca.
**KR:** Novas Perguntas Frequentes.
**KR:** Fóruns.

É bom insistir e perguntar até que fique assim:

**O:** A empresa ajuda os clientes a ter sucesso quando enfrentam dificuldades.

**KR:** A taxa de "isso foi útil" sobe 15%.

**KR:** A taxa de "problema resolvido" nas Perguntas Frequentes aumenta 30%.

**KR:** O fórum de ajuda entre usuários tem 2.000 usuários ativos diários (antes eram 10.000).

Faça o trabalho duro de treinar os outros até ver que seus subordinados pensam em resultados, não em projetos. Quando o Resultado é um resultado, é possível mudar a tática até os números se mexerem. Quando o Resultado é um projeto, você fica preso à sua realização, mesmo que descubra que é a abordagem errada.

Os Resultados-Chave têm de ser resultados para que os OKRs empoderem as equipes.

## Os KRs devem ser difíceis, não impossíveis

Os OKRs sempre são metas difíceis. Comece se perguntando: "Numa escala de um a dez, que confiança tenho de cumprir essa meta?" O nível de confiança 1 significa "nunca vai acontecer, amigo". O nível 10 significa "fácil como cair para baixo". Também significa que você está estabelecendo metas muito baixas (a já citada complacência). Em empresas onde o fracasso é punido, os funcionários logo aprendem a não tentar. Se quiser realizar grandes coisas, é preciso dar um jeito de tornar o ambiente seguro para ir além de onde os outros já foram. Se você só tem 50% de confiança de que vai cumprir a meta, provavelmente esse é o nível certo de dificuldade. Ao fazer yoga, o instrutor incentiva você a se esticar até sentir o alongamento, mas não a ponto de sentir dor. Se sentir dor, você corre risco de lesão. É o mesmo com as metas: se forem difíceis demais, a equipe se esgota e desiste. Se forem fáceis demais, a empresa enfraquece e morre.

Dê uma boa olhada em seus Resultados-Chave. Se tiver uma sensaçãozinha esquisita na boca do estômago de que " todos teremos de dar tudo de nós para conseguir...", então provavelmente as metas estão corretas. Se olhar e pensar "estamos condenados", as metas são difíceis demais. Se olhar e pensar "consigo com um esforcinho", são fáceis demais.

Algumas empresas estabelecem OKRs comprometidos e inspiracionais. "Comprometido" é o que você sabe que consegue, "inspiracional" é o que espera conseguir. Isso proporciona complexidade ao processo de estabelecer metas. No decorrer do livro, vou incentivar você a simplificar seus OKRs. Os OKRs funcionam melhor quando são guardados na memória. Quanto mais conjuntos de OKRs você criar e quanto mais complexos eles forem, maior a probabilidade de que a equipe não se lembre deles na hora de priorizar rapidamente uma ou outra atividade. Não complique demais suas metas.

## Métricas em primeiro lugar para estabelecer OKRs

Às vezes, ao estabelecer seus OKRs, um membro da equipe pensa primeiro em um Resultado-Chave. Muitas pessoas, principalmente na administração, na gerência de produto ou nas vendas, pensam em números e não em declarações inspiradoras. Como quando um colega sugere uma tarefa como

Resultado e é preciso ter uma conversa sobre o que o número nos diz. Por exemplo, o CEO exige que a receita cresça até 500 mil dólares por mês. Você precisa perguntar ao CEO: o que esse número nos diz? Que estamos prontos para a rodada de investimentos da série B? Que os visitantes estão se tornando clientes muito frequentemente? Que os usuários gritam "pegue meu dinheiro, por favor"? Todo número tem uma história para contar, e essa história é seu Objetivo. Quando tiver seu Objetivo, você pode se perguntar se há outras boas métricas para observar. Digamos que decidimos por "prontos para a próxima rodada". Você pode escolher números de retenção, conversão ou engajamento para os outros KRs.

Ter três Resultados-Chave não é necessário, mas é um bom modo de triangular o sucesso. A retenção equilibra a receita, para garantir que sua equipe não está só espremendo mais alguns trocados dos clientes para uma elevação de curto prazo. Deixe que o Objetivo e os Resultados-Chave se reforcem entre si.

## Requisitos

O processo de OKR não é infalível. Há empresas e situações em que ele não é a escolha certa para gerenciar o esforço da companhia. Por exemplo, se você pretende adotar os OKRs para controlar melhor as atividades dos funcionários, não vai dar certo. Os OKRs se baseiam em dar liberdade aos funcionários para decidir como obter o resultado que você quer. Se quiser usar os OKRs para obter uma produtividade cada vez maior numa cultura tóxica, os OKRs serão apenas um tipo novo de chicote para os funcionários. E, se estiver fazendo uma dúzia de coisas diferentes numa dúzia de mercados diferentes e não se dispuser a abrir mão disso para favorecer o foco, bom, então, boa sorte.

É bem mais provável que os OKRs funcionem quando a empresa tem uma missão forte e contrata pessoas ótimas em que confia para fazer coisas ótimas.

## Primeiro, confira sua missão

A maior parte das startups resiste em criar uma missão para a empresa. Parece um exercício de propaganda de grandes empresas e não algo em que o pessoal *enxuto e ágil* deveria se meter. Isso é um desperdício. Quase toda startup começa com uma missão, mesmo que não esteja escrita. (E não se esqueça: as grandes empresas já foram startups.)

Se acha que criou uma startup para ganhar dinheiro, você está mal-informado. Noventa por cento das startups vão à falência, de acordo com um estudo recente da Allmand Law.[3] Se o que você quer são dividendos, é muito mais seguro entrar numa consultoria da bolsa de valores. No entanto, se quer mudar o mundo – uma meta que já é ridícula –, nada melhor do que abrir uma empresa. Ou seja, você acha que o mundo precisa mudar. Ou seja, provavelmente você tem uma missão na manga.

Tudo se iniciou, provavelmente, com os fundadores dizendo "ah, se os alunos conseguissem descobrir quais professores são realmente bons" ou "eu gostaria que hou-

---

3. ALLMAND, Reed. Mapping Tech Startups. *Allmand Law*, 21 jan. 2013. Disponível em: https://allmandlaw.com/mapping-tech-startups/. Acesso em: 30 nov. 2022.

vesse um jeito mais fácil de mostrar vídeos a meus pais na Polônia" ou "adoraria ter um chá decente em minha cafeteria favorita". Então, um pouco de pesquisa levou à percepção de que havia um mercado que queria a solução para o mesmo problema. Finalmente, isso levou à missão: "conhecer quem sabe fazer você saber" ou "conectar famílias distantes com lembranças fáceis de compartilhar" ou "levar excelente chá a quem adora". Não precisa ser uma grande obra poética. Tem de ser simples, fácil de lembrar e servir de guia na hora de decidir como aplicar seu tempo.

Uma boa missão é tão curta que todos na empresa conseguem guardá-la na cabeça. As grandes missões são inspiradoras, mas bem direcionadas. A primeira missão do Google era tão poderosa que até não funcionários a conheciam: "Organizar as informações do mundo e torná-las universalmente úteis e acessíveis".

A missão da Amazon é: "Queremos ser a empresa mais centrada no cliente da face da Terra. Nossa missão é elevar continuamente o padrão da experiência do cliente usando a internet e a tecnologia para ajudar os consumidores a encontrar, descobrir e comprar qualquer coisa e capacitar empresas e criadores de conteúdo a maximizar seu sucesso" – mesmo que esqueça o resto, você consegue se lembrar da primeira parte sobre ser centrada no cliente. A da Zynga é simples: "Conectar o mundo com jogos". E, se tomar um café no Philz, pode perguntar a qualquer um e lhe dirão que sua missão é: "Melhorar o dia das pessoas".

Sua missão deve ser curta e memorável. Quando tiver uma pergunta em sua vida profissional diária, a missão deve ser a primeira coisa a ser lembrada para ajudar na resposta.

Para criar sua missão, comece com essa fórmula simples:

Nós [reduzimos a dor / melhoramos a vida] em [mercado] com [proposta de valor].

Depois, refine. Como pode ver por algumas missões mais curtas citadas anteriormente, a proposta de valor talvez já baste.

E eu sei que é possível que você mude de mercado ou acrescente um modelo de negócios pelo caminho, mas tente criar uma missão que o sustente durante pelo menos cinco anos. Em vários aspectos, a missão e o Objetivo do modelo OKR têm muito em comum: são memoráveis e inspiracionais. A principal diferença é a escala temporal. O Objetivo acompanha você durante um ano ou um trimestre. A missão deve durar muito mais.

A missão mantém você nos trilhos. Os OKRs oferecem foco e marcos. Usar OKRs sem missão é como usar combustível de avião sem avião. É confuso, não direcionado e potencialmente destrutivo. Quando se tem uma missão, escolher os Objetivos de cada trimestre é muito mais simples. Você não enfrenta mais um mundo louco de possibilidades. Pode conversar sobre o que fará a missão avançar. Pode brigar com o sequenciamento. Mas, quando a poeira baixar, poderá escolher qual coisa grande e ousada fará, porque sabe onde está indo.

## Depois, você precisa de estratégia

*"Estratégia é saber o que não fazer." – Michael Porter*

Os Objetivos e os Resultados-Chave só podem ser determinados se você tiver uma estratégia.

Todas as empresas equilibram recursos entre atividades estratégicas e atividades reativas. As atividades estratégicas são esforços planejados para ganhar participação no mercado. As atividades reativas são como você reage ao mundo que o cerca, quando tenta se recuperar de eventos negativos ou aproveitar os positivos.

Para algumas empresas, a pandemia de 2020 foi um desastre. Muitos organizadores de conferências tiveram de cancelar os eventos ou movê-los para a internet. Para outras empresas, a pandemia trouxe um crescimento sem precedentes. As ferramentas de reunião on-line, por exemplo, tiveram mais demanda do que conseguiam atender. É muito fácil apenas reagir; seja aos minúsculos desastres da vida, como se uma empresa bem-sucedida, de repente, decidisse entrar em seu segmento, ou aos desastres mundiais, como o colapso econômico provocado pela pandemia. A estratégia é o que você faz para tornar a empresa resiliente. É o que você escolhe fazer, em vez do que é obrigado a fazer por forças externas. Embora a empresa possa se dar bem ou mal com eventos externos, a sobrevivência a longo prazo depende de ter e executar uma estratégia.

Vou lhe mostrar um exemplo.

Quando começa, a empresa tem um pequeno mercado de primeiros clientes (os *"early adopters"*) a quem pode realmente encantar. Contudo, em certo momento, o número de pessoas que poderiam ser convertidas em novos consumidores naquele mercado se torna escasso. É preciso tomar uma decisão fundamental: a empresa tenta converter pessoas em uma nova localização geográfica ou novo estrato social ou encontra outra necessidade para ser atendida no mercado com o qual já se relaciona? Depois de pesquisas e experimentos, a empresa escolhe uma direção. Os OKRs sairão disso. Será "levar nosso excelente produto ao mundo" como Objetivo anual e "levar nosso excelente produto à Geórgia" como trimestral ou "atender a todas as necessidades do viajante, não só fazer reservas" como OKR anual e "encantar nossos clientes oferecendo voos e hotéis alternativos para mudanças de última hora" como trimestral. Escolha uma direção, estabeleça um OKR em torno dela e comece a avançar. Sempre é possível recomeçar no trimestre seguinte utilizando o que aprendeu para aumentar a probabilidade de sucesso, ou trocando de estratégia se a primeira não der certo.

Não é preciso que a estratégia seja perfeita, mas, em sua ausência, você se arrisca a desperdiçar tempo e recursos. Para o encaixe Produto-Mercado[4] das startups, o OKR é sempre "conseguir o encaixe Produto-Mercado". Mas, conforme as empresas se desenvolvem, é importante que esse crescimento seja planejado.

---

4. O encaixe Produto-Mercado é o grau em que um produto satisfaz uma forte demanda do mercado. É o primeiro passo para construir um empreendimento bem-sucedido em que a empresa encontra os primeiros adotantes, coleta feedback e avalia o interesse no produto.

## Em seguida, treine o pensamento em métricas

A metodologia OKR exige a capacidade de medir métricas essenciais e depois fazê-las avançar. Algumas empresas com que trabalho não instrumentalizaram seu site ou aplicativo e, portanto, não têm linha de base para trabalhar. Muitas só prestam atenção ao tráfego e aos cliques, mas só algumas param para se perguntar "o que esse número realmente me diz?". Um site de casamentos tem muitos usuários ativos diários, mas só por poucos meses. Tudo bem para você? "Cliques" são legais, pois indicam uma boa conversão, mas são constantes? Foi um esquema de um gerente de produto atrás do bônus ou continuarão a fazer sucesso com o tempo? Quais são os itens mais procurados? Você está monitorando os logs de busca ou só os desenterra quando precisa deles?

Alistair Croll e Benjamin Yoskovitz dizem, em seu excelente livro *Lean Analytics*:

> A boa métrica é comparativa. Ser capaz de comparar uma métrica com outros períodos, grupos de usuários ou concorrentes ajuda a entender para onde as coisas estão se movendo. "Aumento da conversão desde a semana passada" é mais significativo do que "2% de conversão".

> A boa métrica é compreensível. Se ninguém consegue lembrá-la e discuti-la, é muito mais difícil transformar a mudança dos dados em mudança de cultura.

> A boa métrica é uma proporção ou uma taxa. Os contadores e analistas financeiros têm várias proporções que examinam para entender à primeira vista a saúde

fundamental de uma empresa. Você também precisa de algumas. [...]

A boa métrica muda seu comportamento. Esse é, de longe, o critério mais importante de uma métrica: o que você faria de forma diferente com base na mudança da métrica?

Todos no lado de produtos e serviços da empresa deveriam saber quais são as métricas mais importantes. Se sua empresa ou partes da empresa são ruins em pensar que números são importantes, talvez seja bom passar um trimestre instrumentalizando[5] seus produtos e criando uma linha de base antes de tentar os OKRs.

## Finalmente, crie um lugar seguro para aprender

"Não há equipe sem confiança", diz Paul Santagata, chefe de setor no Google.[6]

Todos já trabalhamos em lugares onde ninguém se sentia seguro para falar. Nesse contexto, há pouquíssimo aprendizado e nenhum é social. Para ter uma equipe eficaz, você *precisa* de segurança psicológica.

Escrevi *The Team that Managed Itself* (em português, *A equipe que se gerenciava*) porque esse é um tema complexo que merece centenas de páginas, não centenas de caracteres. Eis uma ver-

---

5. Instrumentalizar é acrescentar rastreadores a elementos básicos de seus produtos e serviços para poder acompanhar seus números no decorrer do tempo.
6. DELIZONNA, Laura. High-Performing Teams Need Psychological Safety: Here's How to Create It. *Harvard Business Review*, 24 ago. 2017. Disponível em: https://hbr.org/2017/08/high-performing-teams-need-psychological-safety-heres-how-to-create-it. Acesso em: 30 nov. 2022.

são resumida: colocar um grupo de pessoas numa sala não basta para transformá-las em uma equipe. A equipe eficaz exige conexões pessoais e segurança psicológica.

As pessoas só se sentem seguras quando se sentem conectadas.

Infelizmente, os americanos são estranhos na hora de mostrar o lado humano no local de trabalho. O trabalho é tratado como outro mundo, onde somos máquinas e não pessoas com histórias e sentimentos. O serviço do líder é unir a equipe. Uma tática possível é criar oportunidades sociais em que os membros da equipe possam falar dos filhos, da vida e da família. Criar oportunidades para ver "aquele engenheiro" como "Joe, que adora tricotar com as filhas" leva a uma dinâmica melhor na equipe. Não é preciso ser um piquenique da empresa nem um *happy hour* obrigatório. Pode ser algo simples, como começar as reuniões com "conte em uma só frase algo incrível que você viu esta semana" ou começar uma nova equipe com o exercício "apresente o seu colega". Os detalhes contados são uma desculpa para a conversa, e a conversa leva a amizades. O líder modela e incentiva um ambiente no qual os seres humanos se preocupem genuinamente uns com os outros e possam dar um feedback carinhoso com atitude prestativa. Então, esse grupo de seres humanos cresce como equipe e como indivíduos. Você vai precisar dessa empatia mútua quando chegar a hora de discutir por que os números estão caindo quando deveriam estar subindo.

Se quiser construir segurança psicológica em sua equipe, outra abordagem é criar expectativas formais de como trabalhar em conjunto. Quando trabalho com os clientes, levo as equipes a criar um breve estatuto da equipe que todos concordem em seguir. O estatuto pode e deve evoluir conforme a equipe reflete sobre o trabalho do trimestre, na reunião maior de reflexão dos OKRs. É fundamental que seja feito pela própria equipe, e não entregue pela gerência. O ato de fazer o estatuto revela possíveis conflitos de expectativa e ensina a equipe a entender os pontos de vista uns dos outros.

## Criação do estatuto da equipe

Depois de juntar todo mundo, peça que falem sobre as melhores equipes de que já participaram. O que deu certo? O que não deu? Depois, pergunte sobre as piores equipes de que participaram. A partir desses pontos iniciais, você constrói regras de engajamento. Como queremos trabalhar como equipe? Vamos conversar pelo Slack? Em reuniões em pé? Fazemos anotações ou temos pauta? O que acontece quando alguém faz algo fora da linha? A razão desse exercício não é só o produto final, mas também permitir que as pessoas falem, que fiquem sem graça, que debatam, que conversem. Com acordos feitos em conjunto a partir dessas conversas difíceis, toda a dinâmica de trabalho muda. Em vez de guardar ressentimento quando algo dá errado, construímos uma oportunidade conjunta para fazer dar certo. Também concordamos com o que acontecerá caso não dê. Isso reduz a incerteza e aumenta a segurança.

Inevitavelmente, surgirão situações em que há um descompasso entre as necessidades do indivíduo e da equipe. Por exemplo, mesmo que evite conflitos, você terá de trabalhar com uma equipe que gosta de discutir tudo. Será difícil, seja qual for sua expectativa, porque seu comportamento natural é diferente da cultura. O bom estatuto da equipe permite que você saiba com antecedência o que vai enfrentar. Então, pode se adaptar ou sair sem se sentir ressentido porque sua expectativa não se cumpriu.

Invista tempo para estabelecer regras básicas e construir relacionamentos pessoais. Isso tornará suas reuniões de OKR mais francas e eficazes. E vai acelerar todos os outros resultados.

## Por que o encerramento de um projeto não pode ser um KR

Todas essas ideias de projetos adoráveis que você tem são transferidas para seu pipeline. Os pipelines são mais adequados para os OKRs do que os roadmaps.

Para evitar discussões semânticas, definirei *roadmap* como um plano para o futuro desejado e *pipeline* como uma coleção de ideias de projetos que podem nos levar ao futuro desejado. Os roadmaps têm datas. Os pipelines usam impacto/esforço/confiança para priorizar as melhores ideias. Quando digo que pipelines são preferíveis a roadmaps, quero dizer simplesmente que os pipelines dão flexibilidade enquanto tentamos alcançar nosso Objetivo. Se você chamar de roadmap, mas tratar como pipeline, tudo bem. A ideia fundamental é ter uma longa lista de possíveis soluções para experimentar.

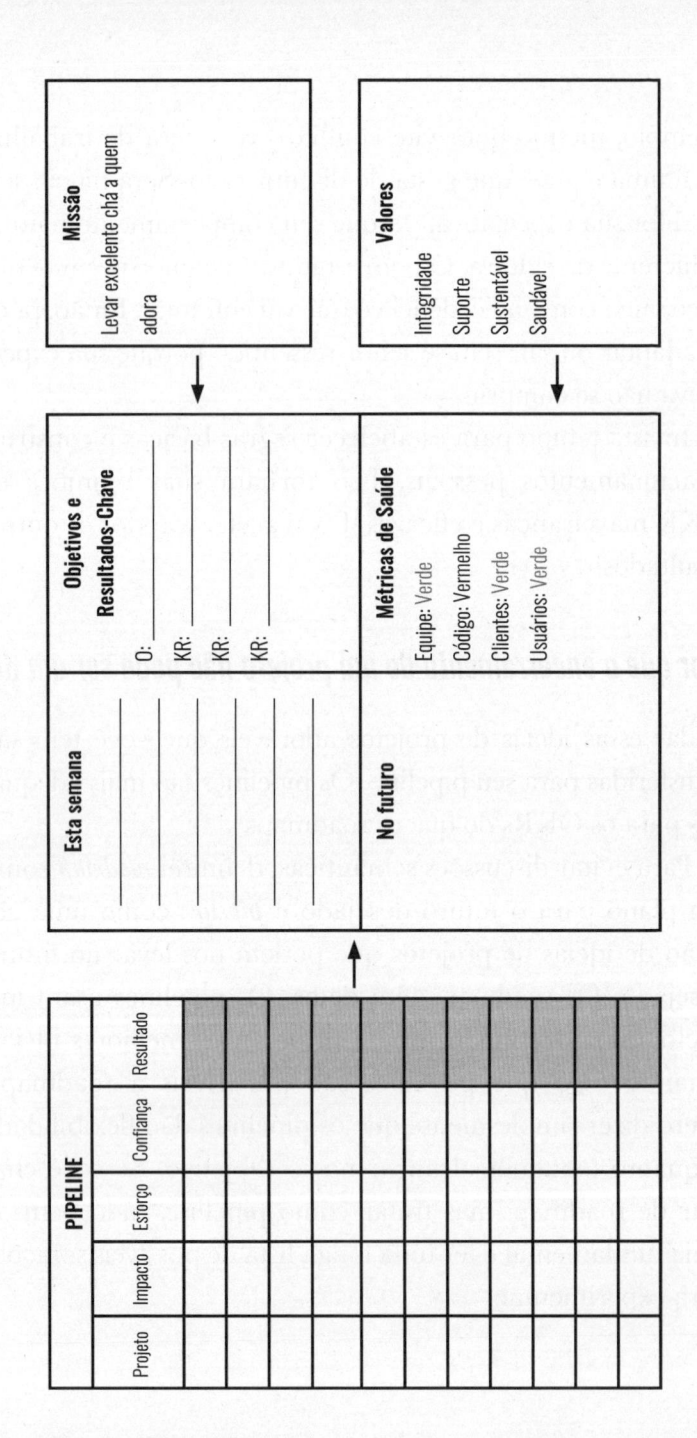

Se você tiver um roadmap, seria bom desmontá-lo e colocá-lo no formato de pipeline. Assim, é possível fazer um brainstorming para achar mais soluções possíveis. Não é bom ter uma única ideia para fazer seus OKRs; é melhor ter variedade de escolha. Veja se consegue pelo menos cinco possíveis projetos para fazer um determinado Resultado-Chave avançar. Depois, avalie-os.

| Projeto | OKRs/Saúde efetuados | Impacto | Esforço | Confiança/ Evidência |
|---|---|---|---|---|
| Reprojetar a inscrição | Aquisição | Baixo | Baixo | Estudos de usabilidade mostram que a inscrição é confusa. |
| Registro em mídias sociais | Aquisição | Alto | Médio | A pesquisa comparativa mostra que é comum. |
| Melhor configuração de privacidade | Satisfação | Desconhecido | Alto | Houve uma onda de notícias negativas sobre privacidade. |
| Wiki interna | Saúde da equipe | Médio | Alto | 90% das equipes estão nervosas porque passam tempo demais atrás de ativos e pesquisas. |

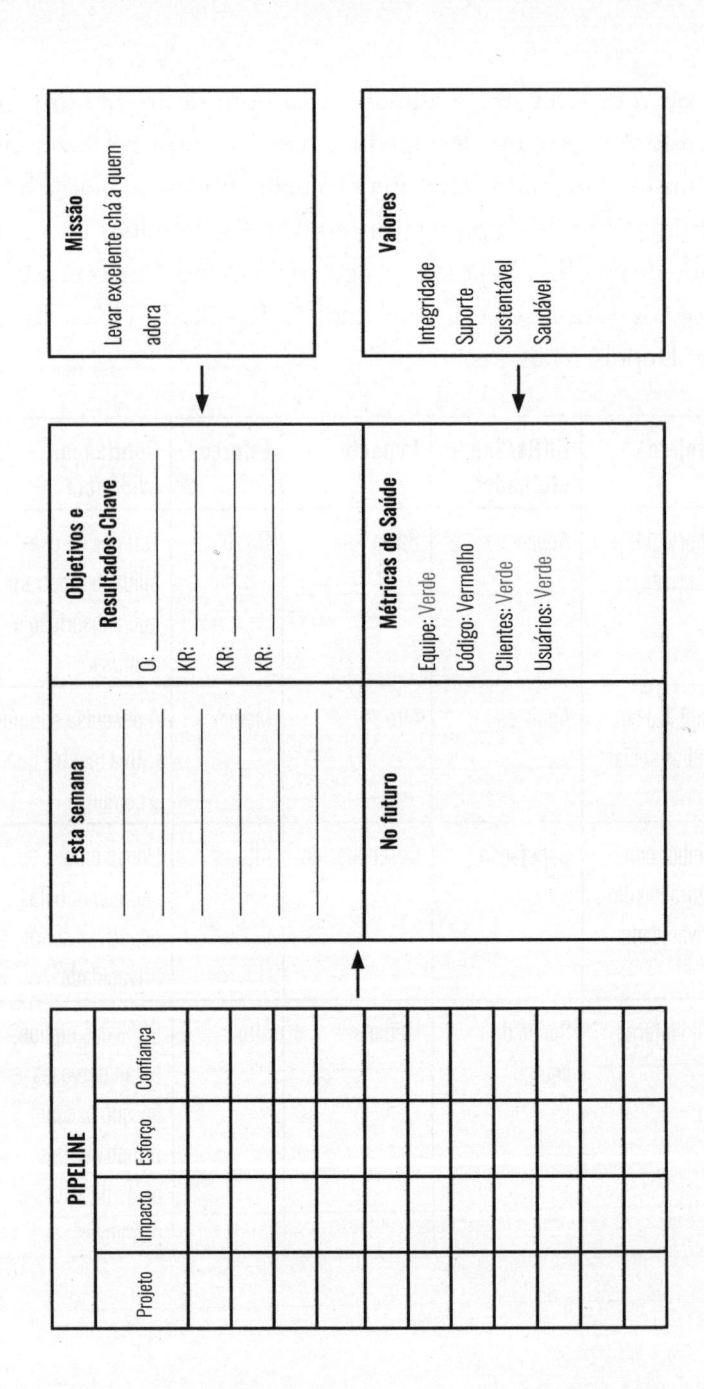

Como mostra a tabela, o pipeline permite que o líder avalie rapidamente quais esforços são mais eficazes ou não. Nesse momento, o líder pode aprovar/desaprovar ou pedir mais pesquisa. Por exemplo, talvez a equipe de inscrição pudesse obter os números de outras empresas sobre o registro nas mídias sociais. Ou fazer um pequeno teste para obter mais dados.[7]

Os OKRs servem para estabelecer a meta de modo a ter mais flexibilidade para atingi-la. Os pipelines dão suporte à flexibilidade. Os roadmaps são palpites do que poderia funcionar, imobilizados num gráfico de Gantt como um inseto no âmbar.

## E todo o resto que temos de fazer?

Os OKRs fazem parte da abordagem da sua administração, mas ela não se resume a eles.

Há coisas que, como empresa, você tem de fazer para se manter no negócio e que não geram dinheiro. Contratos, impostos, contabilidade, folha de pagamento e muito mais. É preciso fazer essas coisas com certo nível de qualidade, senão a empresa terá problemas.

Muitos departamentos de apoio evoluem em vez de inovar. Engenharia, design, marketing, na maior parte do tempo, funcionam bem. De vez em quando, você pode querer incentivá-los a melhorar, mas numa empresa saudável eles se mantêm num ritmo suave, fazendo um bom trabalho.

---

7. *Testing Business Ideas: A Field Guide for Rapid Experimentation*, de David J. Bland e Alexander Osterwalder, é um ótimo recurso para aprender a fazer testes eficazes.

Vamos chamar todos esses esforços de "operações". Não precisam de OKRs, pois não buscam melhoras radicais regularmente. O gerente precisa ser capaz de monitorar os OKRs enquanto acompanha alguns outros indicadores básicos que precisam se manter constantes. As métricas que devem ser acompanhadas para perceber quando a situação está mudando são as chamadas "Métricas de Saúde" na estrutura dos OKRs.

As Métricas de Saúde atuam como o canário em uma mina de carvão. É bom saber quando o trabalho rumo aos OKRs superambiciosos estiver esgotando a equipe. É bom saber quando a equipe fica tão envolvida com um novo projeto brilhante que negligencia os clientes ou os sistemas existentes. As Métricas de Saúde protegem o que já se conseguiu, enquanto você tenta cultivar novas métricas com seus OKRs.

Alguns exemplos possíveis de Métricas de Saúde:

- Inscrições de novos clientes.
- Satisfação do cliente.
- Saúde do código (ignore isso e veja sua tecnologia começar a dar pau).
- Saúde da equipe (ignore isso e veja o esgotamento seguido por pedidos de demissão em massa).

De vez em quando, uma Métrica de Saúde pode ser promovida a OKR. Digamos que a satisfação do cliente vem caindo devagar. O CEO pode dizer que está na hora de mudar de rumo! E estabelecer um Objetivo em torno de encantar os clientes e alguns bons Resultados-Chave para saber quando a situação melhorou. Quando atingir a meta desejada, a satisfação do cliente pode voltar a ser uma Métrica de Saúde.

## O que faz os OKRs darem certo? A cadência

Muitas empresas que tentam os OKRs fracassam e culpam o sistema. Mas nenhum sistema dá certo se você não o mantém. Não basta estabelecer os OKRs. É preciso acompanhar regularmente o progresso em sua direção. Na verdade, é a cadência dos OKRs que os faz funcionar, e ela é mais importante do que estabelecer um Objetivo inspirador e mais ainda do que estabelecer seus Resultados-Chave. Quando me perguntam qual é a diferença entre OKRs, metas SMART, KPI ou outras abordagens para estabelecer metas, digo que é a cadência das verificações. É a cadência que faz diferença entre o estabelecimento e o cumprimento das metas.

Quando comecei a ajudar startups com OKRs, tive de modificar a abordagem de acompanhamento dos OKRs que usei na Zynga. As jovens startups têm tolerância baixíssima a reuniões e menor ainda à análise diária e profunda de táticas e métricas. Reduzi as reuniões a duas por semana: uma para estabelecer intenções, a outra para comemorar o progresso. Isso abria e fechava a semana com lembretes claros do que a empresa tentava realizar. Como meu antigo chefe Jeff Weiner costumava dizer, "quando a gente se cansa de dizer, eles estão começando a ouvir". A cadência de estabelecer o esforço rumo aos OKRs e de comemorar o progresso significa que você se repete muito. De um jeito bom.

## Compromissos de segunda-feira e os quatro quadrados

Toda segunda-feira, a equipe deve se reunir para verificar o progresso dos OKRs e se comprometer com as tarefas que ajudarão a empresa a atingir seu Objetivo. Recomendo um formato com quatro quadrantes básicos:

- **Intenção para a semana.** Quais são as três ou quatro coisas mais importantes que têm de ser feitas esta semana rumo ao Objetivo? Discuta se essas prioridades deixarão você mais perto dos OKRs.
- **Previsão para o mês.** O que sua equipe deve saber que vai acontecer para que possa ajudar ou se preparar?
- **Situação rumo aos OKRs.** Se era de cinco em dez, a confiança aumentou ou diminuiu? Discuta por quê.
- **Métricas de saúde.** Escolha de duas a cinco coisas que você quer proteger enquanto se empenha rumo à grandeza. No que você não pode se dar ao luxo de errar? O relacionamento básico com os clientes? A estabilidade do código? O bem-estar da equipe? Agora, marque quando as coisas começarem a ir mal e discuta.

A razão dessa visão geral é ver o esforço e os Objetivos ao mesmo tempo.

<table>
<tr><td colspan="2">PRIORIDADES DA SEMANA</td></tr>
</table>

| | |
|---|---|
| **PRIORIDADES DA SEMANA** | |
| P1 Fechar negócio com a TLM Foods. | |
| P1 Novo fluxo de pedidos. | |
| P1 Três bons candidatos a vendedor para entrevistar. | |

| **CONFIANÇA NOS OKRs** |
|---|
| Objetivo: Estabelecer um valor claro aos distribuidores como fornecedor de chá de qualidade. |
| KR: 85% de renovação dos pedidos. |
| KR: Cinco indicações por boca a boca. |
| KR: Receita de 250 mil dólares. |

| **GRANDES PROJETOS FUTUROS** |
|---|
| Notificações de renovação passiva de pedidos. |
| Novo fluxo de autoatendimento para distribuidores. |
| Métricas para distribuidores sobre venda de chá. |
| Contratar líder de atendimento ao cliente. |

| **MÉTRICAS DE SAÚDE** | |
|---|---|
| Amarelo | Equipe: dificuldade com a mudança de direção. |
| Verde | Satisfação dos distribuidores. |
| Vermelho | Conversão para assinante. |

Esse documento, em primeiro e último lugar, é uma ferramenta de conversa. É bom falar sobre questões como:

- As prioridades nos levam a atingir nossos OKRs?
- Por que a confiança em nossa capacidade de atingir os OKRs está caindo? Alguém pode ajudar?
- Estamos preparados para novos grandes esforços? O marketing sabe quais são as intenções do pessoal de produto?
- Estamos esgotando o pessoal ou usando macetes na base do código?

Reserve tempo para a conversa. Se apenas um quarto do tempo designado para a reunião de segunda-feira for de apresentações e o resto for para discutir os próximos passos, você está agindo certo. Se terminar cedo, é um bom sinal. Só porque reservou uma hora não significa que tenha de usá-la.

Mantenha breve a revisão dos quatro quadrados. Não os leiam em voz alta uns para os outros. Use cores e frases de leitura rápida para mergulhar nas áreas problemáticas. Concentre-se em problemas e complicações. Sinta-se à vontade para dizer "tudo está nos trilhos, não há necessidade de discutir". O tempo gasto falando em reuniões não é uma métrica de sucesso.

Quando se reunirem, é possível discutir apenas os quatro quadrados ou usar o tempo para uma visão geral da situação e depois complementar com outros documentos detalhados sobre as métricas, o pipeline de projetos ou as notícias relacionadas. Cada empresa tem uma tolerância maior ou menor a reuniões.

Confie que sua equipe fará boas escolhas no trabalho cotidiano. O tom da reunião é levar os membros da equipe a se ajudar para atingir as metas com que todos se comprometeram. Como líder, você pode servir de modelo dizendo algo como: "Parece que há dificuldades com o segundo Resultado-Chave. Podemos fazer um brainstorming para colocar isso de volta nos trilhos?" Pedir ideias e ficar visivelmente agradecido pelas sugestões da equipe é ótimo para empoderá-la. Com o tempo, todos na equipe aprenderão que você não tem todas as respostas e que eles são importantes para a empresa.

## Equilibrar métricas de saúde e OKRs

Em geral, marco as Métricas de Saúde simplesmente como verde/amarelo/vermelho. Verde significa tudo bem, e amarelo, fique de olho. Já vermelho significa que algo fundamental para a saúde da empresa está em queda livre.

| MÉTRICAS DE SAÚDE | |
| --- | --- |
| Amarelo | Equipe: dificuldade com a mudança de direção. |
| Verde | Satisfação dos distribuidores. |
| Vermelho | Conversão para assinante. |

A qualquer momento (não só na segunda-feira), qualquer um pode ativar um "Código Vermelho" para uma Métrica de Saúde na zona vermelha e priorizar uma solução (ou priorizar encontrar o caminho da solução) acima do esforço dos OKRs.

Ativar o Código Vermelho é fazer uma notificação formal à equipe de gestão que o trabalho nos OKRs foi interrompido, e cria-se um registro do problema. Quando fizerem a retrospectiva do fim do trimestre, as equipes podem olhar o Código Vermelho para saber o que impede a empresa de realizar todo o seu potencial. Para muitas empresas, todo o ano de 2020 foi um gigantesco Código Vermelho. Mas, se sobreviverem, será bom que essas empresas aprendam com as crises e reinvistam em esforços estratégicos para se tornar à prova delas. Acompanhe tudo e dedique tempo a aprender com suas experiências.

## As sextas-feiras são para os vitoriosos

Quando a meta é alta, as equipes fracassam muito. Embora uma meta alta seja uma coisa boa, em geral, não a atingir e não ver até onde foi possível chegar é deprimente. Por isso, a sessão de vitórias da sexta-feira é importantíssima.

Na sessão de vitória da sexta-feira, todas as equipes apresentam seus trabalhos em andamento. Os engenheiros mostram partes do código em que estão trabalhando, os designers mostram mapas e leiautes. Mais do que isso, todas as equipes deveriam mostrar alguma coisa. A de vendas pode falar do que vendeu, o atendimento ao cliente pode falar dos clientes resgatados, o desenvolvimento de negócios pode falar de contratos. Isso traz vários benefícios: você começa a sentir que faz parte de um time vencedor e muito especial; a equipe passa a querer conquistas e busca vitórias; e, por fim, a empresa começa a apreciar o que cada área está enfrentando e a entender o que todos fazem o dia inteiro.

Oferecer cerveja, vinho, bolo ou o que for adequado para sua equipe numa sexta-feira também é importante para que a equipe se sinta bem cuidada. Se for uma equipe muito pequena e não houver muito dinheiro, o CEO deveria pelo menos comprar uma pizza ou um engradado de cerveja. Faça o possível para mostrar sua apreciação. Quando a equipe cresce, a empresa deveria pagar os petiscos da comemoração como sinal de apoio. Pense assim: os seres humanos que trabalham no projeto são o maior ativo. Você não deveria investir neles?

Não exija presença e não marque para as 18 horas, uma vez que todo mundo só quer ir para casa. Já vi empresas tentarem fazer isso para arrancar mais algumas horas de trabalho na sexta-feira. Se sua equipe trabalha duro a semana toda para obter um bom progresso, às 16 horas todos estão esgotados. Obrigá-los a ficar mais duas horas significa apenas que vão jogar em seus computadores e ficar ressentidos com você. Faça a sessão de vitórias às 15 horas ou 16 horas.

Frequentemente recebo perguntas sobre as equipes remotas e já vi várias abordagens inteligentes. Se a diferença de fusos horários entre vocês for pequena, é possível fazer uma videoconferência. Não haverá petiscos para dividir (mesmo assim, você pode mandar entregar), mas pelo menos todos podem ver o rosto um do outro. Algumas equipes têm um canal de conquistas numa ferramenta de chat interno, como o Slack. Em algumas equipes, o CEO ou o gerente geral lê as maiores vitórias numa videoconferência ou as envia por e-mail. Não é tão satisfatório quando repartir o pão juntos, mas ainda mostra apreciação genuína e torna o progresso visível.

Os rituais que fazem os OKRs darem certo podem ser adaptados à cultura da empresa. Desde que você tenha um ritual de compromisso e um de comemoração, o modo de fazer pode se encaixar na organização e na cultura. Também é possível experimentar diversas abordagens. Um CEO com quem trabalho escreve: "Assim que começa a ser feito semana após semana, tudo corre o risco de estagnar". Às vezes, é útil mudar o modo de comemorar para que a reunião ainda seja divertida. Se forem vários grupos, a cada semana um grupo diferente pode se apresentar. Não se esqueça de estipular uma duração, isto é, diga: "Vocês têm 15 minutos. Quando der o tempo, vou encerrar". Ou faça uma demonstração no estilo de feira de ciências, em que as pessoas circulam para falar com os representantes em estandes.

Não se esqueça de fazer uma verificação rápida, com três perguntas breves, sobre como foi. Adoro aquelas pesquisas que perguntam: "O que deveríamos continuar fazendo? O que deveríamos mudar? O que a equipe administrativa deveria saber?". Uso-os em minhas aulas também, para garantir que as pessoas estejam aprendendo e a turma melhore.

Você contratou pessoas inteligentes, permita que ajudem a empresa a melhorar!

## Mantenha a cadência e tome posse dela

Recebo muitas perguntas sobre a implementação dos OKRs em circunstâncias atípicas, como equipes remotas, empresas com várias linhas de negócios ou empresas que equilibram P&D enquanto sustentam os atuais produtores de lucro. As grandes empresas não conseguem colocar todo mundo numa sala (quando cresceu, o Google passou a realizar as reuniões da empresa toda ao ar livre). Ou os fusos horários atrapalham, ou as sessões de planejamento do Agile se chocam. Você pode ajustar e passar a cadência de segunda/sexta para terça/quinta. Pode fazer as comemorações por vídeo, por e-mail ou por um canal do Slack. O modo de fazer é flexível, desde que você estabeleça e comemore.

Os OKRs são ótimos para estabelecer metas, mas, sem um sistema para atingi-las, têm a mesma probabilidade de fracassar dos outros processos que estiverem na moda. Comprometa-se com sua equipe, comprometam-se entre si, e comprometam-se com seu futuro em comum. E renovem esses votos toda semana.

## *Melhore os e-mails semanais de status com os OKRs*

Eu me lembro da primeira vez em que tive de redigir um e-mail de status. Tinha acabado de ser promovida a gerente no Yahoo!, lá em 2000, e comandava uma equipe pequena. Mandaram que eu escrevesse "um e-mail de status contando o que sua equipe fez esta semana, para mandar na sexta-feira". Bom, é fácil imaginar como me senti. Eu tinha de provar que minha equipe estava cumprindo as tarefas! Não só para justificar nossa existência, mas para provar que precisávamos de mais gente. Porque, sabe, mais gente é sempre bom, não é mesmo?

Então, fiz o que todo mundo faz: listei cada coisinha que meus subordinados fizeram e criei um relatório verdadeiramente ilegível. Depois, comecei a gerenciar os gerentes, e eles me mandavam a mesma coisa, que eu juntava num relatório ainda mais comprido e mais horrível. Este eu mandava a Irene Au, minha gerente de design, e a Jeff Weiner, meu gerente geral (que, sensatamente, pediu que eu pusesse um sumário no início).

E assim foi, enquanto eu passava de emprego a emprego, escrevendo relatórios longos e tediosos que, no máximo, recebiam um passar de olhos. Em um de meus empregos, parei de fazê-los. Pedi a meus gerentes que os enviassem a meu gerente de projeto, que os reunia e os mandava para eu revisar. Depois de verificar se havia algo vergonhoso, eu o encaminhava a meu chefe. Certa semana, esqueci de ler e não ouvi nada a respeito. Era um desperdício do tempo de todos.

Então cheguei à Zynga em 2010. Agora, digam o que disserem sobre a Zynga, mas eles eram muito bons em algumas coisas essenciais que fazem uma empresa funcionar bem. Uma delas era o relatório de status. Todos os relatórios eram enviados a toda a equipe de gestão, e eu gostava de lê-los. Sim, você leu direito: *eu gostava de lê-los*, mesmo que fossem 20. Por quê? Porque tinham informações importantes mostradas de forma fácil de digerir. Eu os usei para entender o que precisava fazer e aprender com o que dava certo. Observe que a Zynga, nos primeiros tempos, cresceu mais depressa do que todas as empresas que já vi. Desconfio que a eficiência da comunicação tinha boa parte nisso.

Quando saí da Zynga, comecei a prestar assessoria. Adaptei o modelo de e-mail para se adequar às várias empresas com que trabalhei, juntando alguns truques de Agile. Agora tenho um formato simples e robusto que funciona em qualquer empresa, grande ou pequena.

1. **Comece com os OKRs de sua equipe e toda a confiança que tiver de que vai atingi-los neste trimestre.** Você lista os OKRs para lembrar a todos (e, às vezes, a si mesmo) *por que* faz o que faz. Sua confiança é seu palpite de quanto sente que atingirá os Resultados-Chave numa escala de um a dez. Um significa que nunca vai acontecer, e dez, que está feito. Marque sua confiança em vermelho quando cair abaixo de três, em verde quando passar de sete. A cor torna fácil enxergar e deixa o chefe e os colegas contentes. Listar a confiança ajuda você e seus colegas a acompanhar o progresso e corrigir o rumo assim que for necessário.

2. **Liste as tarefas priorizadas na semana anterior e se foram cumpridas.** Se não foram listadas, acrescente uma pequena explicação do porquê. A meta aqui é entender o que impede a empresa de realizar o que precisa ser realizado. Veja o modelo a seguir.

3. **Em seguida, liste as prioridades da próxima semana.** Liste apenas três P1 e as torne realizações substanciais que englobam vários passos. "Finalizar as

especificações do projeto Xeno" é uma boa P1. Provavelmente engloba escrever, revisar com vários grupos e assinar. Também avisa ao chefe e às outras equipes que você está avançando. "Falar com o jurídico" é uma má P1. Essa prioridade exige cerca de meia hora, não tem resultado claro, parece uma subtarefa e, além disso, você nem explicou sobre o que vai falar! É possível acrescentar algumas P2, mas também devem ser substanciais, dignas de serem as P2 da semana que vem. Você deve listar poucos itens, mas com entregas mais relevantes.

4. **Liste qualquer risco ou obstáculo.** Como nas reuniões em pé do Agile, anote tudo o que não conseguir resolver por conta própria e em que seria bom ter ajuda. *Não* faça o jogo da culpa. Seu gerente não é a mamãe escutando você e outro executivo dizendo "a culpa é dele". Também liste tudo o que sabe que poderia te impedir de realizar o que pretende: um sócio que se faz de difícil, uma tecnologia complicada que pode levar mais tempo do que o esperado para entender. Os chefes não gostam de surpresas. Não os surpreenda.

5. **Notas.** Finalmente, se houver algum ponto que não se encaixa nessas categorias, mas que você queira muito incluir, acrescente uma nota. "Contratei aquele cara fantástico da Amazon que Jim mandou. Obrigada, Jim!" é uma nota decente, assim como "Lembrete: a equipe sai na sexta-feira para o jogo dos Giants". As notas devem ser curtas, oportunas e úteis. Não as use como desculpa, terapia ou treino de escrita de romances. Esse modelo também resolve outro desafio importante das empresas grandes: a coordenação. Quando fui gerente geral de uma empresa de médio porte,

se fosse escrever um relatório do jeito antigo, eu precisava receber o status da equipe até a noite de quinta-feira para reunir, verificar e editar. Mas, com esse sistema, sei quais são minhas prioridades e uso os relatórios dos subordinados só para me assegurar de que as prioridades deles foram as mesmas que as minhas. Envio meu relatório na sexta-feira, na mesma hora em que recebo os dos subordinados. Eles não precisam esperar por mim, nem eu por eles. Estamos comprometidos uns com os outros, francos e concentrados. O trabalho não deveria ser uma lista de tarefas, mas um ímpeto coletivo rumo às metas em comum. O e-mail de status lembra esse fato a todos e nos ajuda a não cair na ideia de ficar só marcando itens em uma listinha.

---

**Semana de 15/10/2016**

exec-team@teabee.com

Semana de 15/10/2016

Objetivo: Oferecer valor claro aos distribuidores como fornecedor de chá de qualidade.

| | |
|---|---|
| KR: 85% de renovação dos pedidos | 6/10 |
| KR: 20% de renovação pelo autoatendimento | 5/10 |
| KR: Receita de 250 mil dólares | 4/10 |

SEMANA PASSADA
P1 Fechar novo acordo com a TLM Foods NÃO FOI FEITO – surpresa extra em nível de aprovações.
P1 Fluxo de Novo Pedido especificado e aprovado.
P1 Três bons candidatos a vendedor para entrevistar NÃO FOI FEITO um não deu certo, precisamos de pipeline melhor. Discutir?
P2 Descrição da vaga de atendimento ao cliente para recrutador FEITO.

SEMANA QUE VEM
P1 Fechar negócio com a TLM.
P1 Fazer a oferta a Dave Kimton.
P1 Testes de usabilidade: descobrir e priorizar os problemas principais do autoatendimento.

NOTAS
Alguém conhece o vice-presidente de compras da Johnson Supplies?
Também avise se quiser participar da usabilidade! Faz bem à alma, sabe...

Coordenar o esforço organizacional é fundamental para a capacidade da empresa de competir e inovar. Abrir mão do e-mail de status é um erro estratégico. Ele pode ser tanto uma tarefa que desperdiça recursos básicos quanto uma maneira de as equipes se conectarem e se apoiarem.

## Sobre o foco total nos resultados

Este livro foi chamado de *OKR: Foco Total nos Resultados* por uma boa razão. Acredito que o que faz a diferença entre se destacar e ficar preso na mediocridade é o foco. O foco é difícil, mas necessário. Esforçar-se ao máximo para decidir *um único* Objetivo da empresa é o segredo.

*Um.* Não quatro, nem dez, "objetivos fundamentais". Um Objetivo para a todos governar.

Os OKRs são uma estrutura para criar e assegurar o foco no que realmente importa, mas não dão certo se você os encher com todas as iniciativas de sempre que estão em andamento. Os OKRs não são um modo de controlar como seus funcionários passam o tempo, são um modo de compartilhar sua visão para que os funcionários possam decidir o que é mais importante.

Por que um só Objetivo? O problema com vários conjuntos de OKRs é que a complexidade aumenta de forma exponencial. Digamos que a empresa tenha cinco conjuntos de OKRs. Isso significa que pede a todos que se lembrem de 20 dados (cinco Objetivos e quinze Resultados-Chave). Agora, imaginemos que cada equipe de produto tenha, digamos, seus três conjuntos de OKRs próprios. Três vezes quatro é doze, e agora cada funcionário tem 32 coisas que, teoricamente, decoraram e vivem todos os dias. E se seu departamento tem OKRs? Some mais quatro aos doze. Se estiver fazendo conjuntos individuais de OKRs, some mais quatro, no mínimo. Espero que os OKRs estejam todos alinhados ao conjunto de OKRs da empresa, mas, mesmo assim, como alguém vai saber como trabalhar com um grupo de prioridades tão grande?

As empresas deveriam adaptar os OKRs porque buscam foco e a aceleração que os acompanha. Isso só acontece se cada pessoa da empresa souber quais são os OKRs da empresa e possa tomar decisões com base neles. O que significa que é preciso recordá-los. Ter *um só* Objetivo para a empresa ajuda imensamente.

Uma exceção é se a empresa for muito grande e tiver vários modelos de negócio com pouco em comum. Pense na Alphabet: é difícil imaginar qual objetivo a levaria a dedicar esforços a carros autônomos e anúncios em buscas (além de "vamos ganhar muito dinheiro"). Portanto, se os OKRs de nível mais alto forem utilizados numa empresa muito grande, como Pepsico ou General Electric, é preciso saber qual é esse nível mais alto. Meu macete é um conjunto de OKRs por modelo de negócios por trimestre. Se você não for tão grande assim, está na hora de ter foco para que, algum dia, talvez seja.

Agora que você admitiu para si mesmo que ainda não é o Facebook, chegou a hora do foco. Eis alguns conselhos baseados no que já vi funcionar:

## 1. *Não tente enfiar anos de trabalho num único trimestre.*

Claro, queremos tudo e queremos agora. No entanto, se tentarmos mudar tudo de uma vez, passamos uma fração minúscula de nosso tempo em cada coisa, e o progresso é infinitesimal – um pinguinho de manteiga de amendoim numa torrada enorme.[8] Na troca de tarefas, há um custo muito real que se acumula com o tempo. Tentar fazer tudo ao mesmo tempo significa que nada será feito. Em vez disso, escolha um Objetivo de cada vez e priorize e sequencie seu esforço para obter o máximo impacto.

Faça menos e melhor.

## 2. Não crie um conjunto de OKRs da empresa para cada departamento.

Já vi empresas que têm um OKR de marketing, um de engenharia e um de produto como seus "OKRs da empresa". O OKR da empresa deveria unir a empresa em torno de uma única meta. Nem todos os departamentos precisam de OKR, mas toda iniciativa estratégica precisa.

Para chegar àquele "Um Objetivo para a todos governar", pergunto primeiro por que o OKR de marketing/engenharia/produto é tão importante para a empresa. Como a empresa mudará se tiver sucesso? O que essas metas têm em comum?

Procuro um tema que unifique. No exemplo anterior, tudo estava voltado à preparação da rodada de financiamento da série B. Talvez o ano da empresa tenha metas sobre entrar em um novo mercado ou se tornar dominante, garantir a liderança etc., etc. Se você encontrar um conjunto de OKRs que realmente trate do sucesso da empresa, as outras equipes

8. THE WALL STREET JOURNAL. Yahoo Memo: The 'Peanut Butter Manifesto', *The Wall Street Journal*, 18 nov. 2006. Disponível em: https://www.wsj.com/articles/SB116379821933826657. Acesso em: 30 nov. 2022.

darão um jeito de ajudar a acontecer, do jurídico até o atendimento ao cliente.

Eis um exemplo de OKR para uma empresa que produz um aplicativo para celular. Veja se consegue identificar os problemas antes de prosseguir na leitura.

| Clientes perdidos se tornam clientes habituais. | Clientes acham nossa newsletter divertida e convidativa. | Os presentes e mensagens entre usuários são cativantes, e os usuários adoram recebê-los. |
|---|---|---|
| • 23% dos clientes retornam todo dia (usuários ativos diários).<br>• 40% de retorno uma vez por mês (usuários ativos mensais).<br>• Receita de compras no aplicativo > 5.000 por mês. | • Taxa de abertura de 15%.<br>• Mais 20% de cliques.<br>• Chegar a taxa de devolução de 2%.[9] | • Redução de 75% das queixas ao atendimento ao cliente sobre "excesso de notificações".<br>• Cliques aumentam 50%.<br>• Opção de personalização usada em 25% das interações. |

O primeiro OKR é bastante bom. Une a empresa e deixa todo mundo focado num problema fundamental, a retenção. O segundo é um mau OKR para a empresa. Só se aplica ao marketing e à engenharia (talvez ao produto). Além disso, é redundante. Recomendo transformá-lo em submeta para o marketing.

---

9. Saiba mais sobre a taxa de devolução (*bounce rate*) em: https://www.campaignmonitor.com/blog/emailmarketing/2019/05/making-sense-email-bounce-rates.

O terceiro provavelmente seria um bom OKR da equipe que faz as notificações e as mensagens dentro do aplicativo, mas não é um OKR da empresa.

### 3. Nem todos vão liderar, alguns darão apoio.

Sempre há situações em que a coisa mais importante para a empresa não exige atenção total de todos. Por exemplo, um imenso lançamento de produto. Embora a engenharia esteja trabalhando dia e noite, a equipe jurídica só será necessária por alguns dias para criar os termos de serviço ou elaborar um contrato. O OKR da empresa não lhe diz como fazer seus negócios cotidianos, mas avisa que terá de largar tudo quando for necessário. Não é preciso um OKR para cada departamento. Pode ser que o jurídico decida criar um OKR departamental, talvez algo sobre o tempo de renovação dos contratos. Mas, quando o grande lançamento precisar de alguém que atualize os termos de serviço, eles saberão que isso passará à frente de qualquer esforço de eficiência que estejam fazendo.

Não podemos ser todos o herói da história; alguns ficam no apoio. Frodo não iria muito longe sem seu Samwise. Respeite o pessoal de apoio e convide-os para as comemorações de sexta-feira. Todo mundo merece o direito de celebrar as conquistas.

### 4. Não deixe a política distraí-lo dos conjuntos de OKRs claros e concisos.

Quando reviso os conjuntos de OKRs dos clientes, costumo ver gente tentando enfiar mais itens nas metas da empresa. Às vezes, os executivos mais parecem políticos impondo seus projetos pessoais aos OKRs. Então, tenho de desmontar o conjunto de OKRs para descobrir realmente qual é a meta central.

Por exemplo, às vezes pergunto: "Qual é a diferença entre esses dois conjuntos de OKRs?", e as pessoas apontam os Resultados-Chave. Aparentemente, queriam medir cinco métricas. Nesse momento, uso minha varinha de condão e lhes dou permissão de ter cinco Resultados-Chave e um Objetivo. A regra dos três Resultados-Chave não é uma regra. É mais uma orientação. Por razões já explicadas, não é bom ter elementos demais numa meta, se quiser que ela seja lembrada e vivida. Mas, se você só tiver um conjunto de OKRs e as pessoas só precisarem lembrar o Objetivo e os Resultados-Chave específicos que podem afetar, não há problema.

Outras vezes, quando pergunto a diferença entre dois Objetivos, as pessoas dão de ombros e dizem "não sei". Nesse momento, faz sentido combiná-los ou votar no que você prefere. Só não transforme sua indecisão sobre quem elaborou o melhor Objetivo em ordens de marcha confusas para sua equipe.

Às vezes (principalmente em oficinas presenciais), as pessoas tentam pôr as ideias de todo mundo nos conjuntos de OKRs. Talvez estejam tentando mostrar respeito às ideias do executivo poderoso, talvez seja uma equipe que tem dificuldade com conflitos e tenta manter a redação favorita de todos. Talvez você pense "que mal faz?", mas, se não priorizar e simplificar, estará fugindo do seu dever com a empresa.

Quando trabalhei no grupo de Larry Tesler no Yahoo!, aprendi que cada aplicativo tem uma certa complexidade que não pode ser reduzida. Larry Tesler afirma que, na maioria dos casos, o engenheiro deve passar mais uma semana reduzindo a complexidade do aplicativo em vez de obrigar milhões de usuários a passarem um minuto a mais usando o programa por causa da complexidade extra. A situação é a mesma na criação dos conjuntos de OKRs. É melhor passar uma hora a mais para ter os OKRs certos do que perder o foco dos funcionários enterrando-os em uma linguagem desnecessária, dúzias de prioridades e metas diluídas.

**Seja claro.**
**Seja simples.**
**Seja memorável.**
**Atinja seus objetivos.**

# EXEMPLO DE TREINAMENTO EM OKR

## Quantificar a contribuição da engenharia às vendas

*Por Ben Lamorte, diretor de OKRs.com*

*Ben Lamorte ensina líderes empresariais a definir e fazer progresso mensurável rumo a suas metas mais importantes. Ele já treinou centenas de gestores em dezenas de empresas. Para saber mais sobre Ben, visite www. OKRs.com. Neste curto ensaio, ele mostra como treinar alguém para estabelecer bons OKRs.*

Vejamos um trecho de uma sessão real para ilustrar como os líderes em treinamento, ao criarem seus próprios OKRs – em vez de serem ditados pelo CEO –, podem melhorar drasticamente a qualidade e a eficácia desses OKRs. Eis o trecho da sessão de treinamento da equipe de engenharia de uma grande empresa de software:

**Vice-presidente de engenharia:** Meu principal objetivo é ajudar a equipe de vendas a cumprir as metas.

**Treinador de OKR:** No fim do trimestre, como saberemos que a engenharia ajudou as vendas a cumprir a meta?

**Vice-presidente de engenharia:** Hum, boa pergunta. (Pausa.)

**Treinador de OKR:** Tudo bem. Pode citar um cliente específico que tenha comprado no último ano com uma contribuição clara da engenharia para o processo de venda?

**Vice-presidente de engenharia:** Na verdade, não. Mas seria um ótimo dado. Não é tanto que ajudemos a fechar as vendas, é que mantemos o possível cliente na jogada.

O vice-presidente de engenharia então propôs os seguintes Resultados-Chave:

- "Dar suporte às vendas para cinco possíveis clientes importantes no segundo trimestre."
- "Desenvolver treinamento para a equipe de vendas até o fim do segundo trimestre."

Embora sejam direcionais, essas duas declarações não são mensuráveis. Vejamos como o treinador de OKR ajudou o vice-presidente a traduzir essas duas declarações em KRs mensuráveis.

**Declaração 1:** "Dar suporte às vendas para cinco possíveis clientes importantes no segundo trimestre."

**Treinador de OKR:** Há alguma distinção entre um possível cliente importante e um desimportante? (Deixa *claro* abordando a ambiguidade.)

**Vice-presidente de engenharia:** Na verdade, não.

**Treinador de OKR:** Você e o vice-presidente de vendas concordam com a definição de um "possível cliente importante"? (Garante que o *alinhamento* entre departamentos seja definido em conjunto.)

**Vice-presidente de engenharia:** Vamos trocar "possível cliente importante" por "possível cliente com potencial de receita de mais de 100 mil dólares no primeiro ano". Então podemos conferir essa definição com o vice-presidente de vendas.

**Treinador de OKR:** Você mediu o número desses eventos de suporte a vendas no passado? (Para confirmar o histórico da métrica e saber se o KR é *mensurável*)

**Vice-presidente de engenharia:** Não.

**Treinador de OKR:** Qual é o resultado pretendido do apoio da engenharia às vendas? (Sonda o resultado pretendido ao atingir a meta para se concentrar em *resultados, não em tarefas.*)

**Vice-presidente de engenharia:** Resulta na continuação do processo de vendas ou mata o negócio.

**Treinador de OKR:** E se todas as cinco ligações de apoio às vendas resultarem em negócios desfeitos? Teremos atingido a meta? (Pergunta sobre fronteiras para garantir *alinhamento.*)

**Vice-presidente de engenharia:** Não. A reunião não é considerada um sucesso quando perdemos o negócio por razões técnicas. Talvez fosse melhor definir isso como "dar apoio às vendas com no máximo três possíveis clientes de 100 mil dólares ou mais que decidem não avaliar nosso produto por razões técnicas".

**Treinador de OKR:** Embora estejamos indo na direção correta, agora o Resultado-Chave está enunciado de forma negativa. Recomendo a seguinte enunciação positiva dessa meta: Obter uma linha de base em "taxa de aprovação técnica". Por exemplo, se tivermos reuniões com dez possíveis clientes de mais de 100 mil dólares e oito deles avançarem sem objeções técnicas, a taxa de aprovação técnica é de 80%. (Garante que o KR *seja positivo.*)

O vice-presidente de engenharia gostou da ideia de acompanhar a taxa de aprovação técnica. Como resultado dessa sessão de treinamento em OKR, o vice-presidente de engenharia concordou em confirmar com o vice-presidente de vendas se a taxa de aprovação técnica seria uma métrica útil para quantificar até que ponto a engenharia contribui para as vendas.

# PARTE 2

# Objetivos e Resultados-Chave na prática

# IMPLEMENTANDO OKRs
# PELA PRIMEIRA VEZ

Se estiver pronto para colocar os OKRs para funcionar, é bom planejar a implementação. Depois do treinamento (ou da pesquisa) e de todos entenderem e *estarem igualmente dispostos*, escolha com muito cuidado a abordagem para o primeiro ciclo de OKRs.

Na primeira vez que tentar o ciclo de OKR, provavelmente você vai fracassar. É uma situação perigosa, pois a equipe pode se desiludir com a abordagem e não querer tentar outra vez. Não é bom perder uma ferramenta poderosa só porque ela exige algum tempo para ser dominada.

Há três abordagens que você pode usar para reduzir esse risco.

1. **Faça uma equipe se adaptar aos OKRs antes do resto da empresa. Escolha uma equipe independente que tenha todas as habilidades para cumprir a meta, e não uma com problemas. É necessário que seja uma equipe saudável, de alto desempenho e que adore o aprimoramento contínuo. Espere um ou dois ciclos, até eles aperfeiçoarem a abordagem, e então divulgue seu sucesso. As equipes ficarão ansiosas para experimentar o mesmo tipo de elogio e sucesso e ficarão mais dispostas a adotar os OKRs. Com o passar dos anos, essa se mostrou a melhor abordagem para adotar o sistema.**

2. **Comece com um único OKR para a empresa toda.** Ao estabelecer uma meta simples para a empresa, sua equipe verá os executivos cobrando de si mesmos um padrão elevado. Não será surpresa quando, no trimestre seguinte, a equipe for solicitada a fazer o mesmo. E, por não provocar uma cascata, ao mesmo tempo você simplifica a implementação e vê qual grupo alinhará seu trabalho com o OKR e quem precisará de treinamento. Essa é uma boa abordagem caso sua empresa seja relativamente pequena e precise de foco.
3. **Comece aplicando os OKRs a projetos para treinar a mentalidade Objetivo-Resultado das pessoas.** Toda vez que tiver uma proposta de projeto, pergunte: "Qual é o Objetivo desse projeto?" e "Como saber que fomos bem-sucedidos?" Essa abordagem funciona bem com empresas que não estão acostumadas a se basear em dados. Depois que todos aprendem a avaliar as atividades diárias medindo o impacto que causam, você pode apresentar os OKRs como um modo de levar a estratégia a toda a empresa.

Ao começar pequeno e se concentrar em aprender como os OKRs vão funcionar na empresa, você aumenta a probabilidade de adotar uma abordagem baseada em resultados e reduz o risco de desilusão da equipe.

## Não tente implementar os OKRs em toda a empresa de uma vez só

Na última meia dúzia de anos em que ajudei empresas a adotarem os OKRs, ouvi várias vezes a mesma história. Atendo o telefone e ouço: "Experimentamos os OKRs e deu tudo errado. A equipe não quer mais usá-los". E eu já disse outras vezes: os OKRs são simples e difíceis. Correr uma maratona também é simples e difícil. Ninguém tenta isso de uma vez só. É preciso ir aos poucos.

Jojo Alexandroff, da Format.com, me mandou um e-mail dizendo: "Quando tentamos pela primeira vez, cometemos o erro capital de estender à equipe toda. Assim, tínhamos OKRs no nível da empresa, no nível das equipes e no nível dos indivíduos. Uau, foi um caos daqueles!"

Fiz uma pesquisa entre meus leitores e recebi 250 respostas. As dificuldades que as pessoas me contaram eram as mesmas que vejo quando dou uma consultoria: as empresas enfiam os pés pelas mãos com os OKRs. Aí, isso desacelera a produtividade e frustra a empresa toda. É melhor começar com um piloto pequeno e evitar esses problemas:

- As equipes de apoio têm dificuldade de se alinhar aos OKRs da empresa. Faz sentido, já que finanças, RH e atendimento ao cliente estão muito mais preocupados em manter as luzes acesas. Nos primeiros meses da mudança para os OKRs, é melhor deixar as equipes de apoio concentradas nas Métricas de Saúde, sem se preocupar com OKRs.
- É comum o software de OKR não combinar com a cadência da empresa. Recomendo só investir em software

quando os OKRs estiverem funcionando sem problemas. Aí você pode procurar um software que dê suporte ao processo, em vez de tentar se encaixar na ideia de alguém sobre como o mundo deveria funcionar.

- É difícil descobrir quais Resultados-Chave são bons indicadores de sucesso. Muitas empresas querem usar OKRs para ficar mais bem informadas sobre os dados, mas isso é andar para trás. É preciso aprender quais métricas são importantes antes de decidir quais você quer que cresçam e quais é bom proteger.
- "Os OKRs se transformaram em tanto trabalho que estabelecê-los, falar sobre eles, negociá-los, fechá-los etc. virou coisa demais. Ter de trabalhar com os OKRs impediu que fizéssemos o trabalho real exigido pelo negócio." Jojo aponta o dedo para o maior perigo de qualquer metodologia nova: o excesso de processos.

## Simplifique

Como a Format saiu dessa bagunça? Simplificando. "Assim, agora temos uma planilha simples com as metas de alto nível, e cada equipe tem sua planilha de metas própria. Tentamos garantir que a meta de todas as equipes se alinhe às metas de alto nível da empresa."

Há um antigo provérbio italiano: *Il meglio è l'inimico del bene*, ou seja, "o melhor é inimigo do bom". Muitas empresas que adotam os OKRs querem executá-los com perfeição. No entanto, a perfeição é ilusória e impede que se chegue a um ponto de partida simples a partir do qual se possa crescer. Pergunte-se: "Qual é o menor ponto de partida possível para começar minha jornada de sucesso?" Então faça isso, aprenda com a experiência e tente o passo seguinte. Será mais lento, mas também será melhor, mais robusto e trará mais retorno.

Ah, se a mudança de cultura fosse fácil como comprar um software! Se comprar softwares fosse o segredo do sucesso, todos seríamos grandes romancistas assim que abríssemos o Microsoft Word. A mudança é uma maratona. Aqueça-se treinando o pensamento em resultados e medindo o impacto na empresa. Então, com constância, estabeleça metas mais difíceis e audaciosas e confie que sua equipe descobrirá como alcançá-las.

# OKRs PARA PRODUTOS

*Por Angus Edwardson, diretor de produto da GatherContent*

Nós usamos os OKRs de maneira diferente na GatherContent e fizemos várias experiências com eles nos últimos anos.

Já usamos os OKRs como ferramenta para alinhar o foco de todos na empresa inteira, implantamos em cada departamento para permitir autonomia e também já os usamos no nível dos funcionários para incentivar o desenvolvimento pessoal.

No entanto, a aplicação sempre mais eficaz dos OKRs é usá-los nos projetos da equipe de produto. Na GatherContent, é exigido de qualquer um que comece a criar um novo recurso que esboce um Objetivo claro e um conjunto de Resultados-Chave para entender melhor por que estamos fazendo esse trabalho e como esperamos que tenha sucesso.

## No centro do ciclo de vida do produto

Na GatherContent, tentamos reduzir a complexidade dos novos recursos até termos um produto viável mínimo (PVM) que achamos que vale a pena lançar. Nossa equipe de produto trabalha com o Kanban, uma abordagem da Agile Development para prazos e cronogramas. Com o Kanban, todos os possíveis projetos são postos na parede e então "escolhidos" conforme os desenvolvedores os passam de "A fazer" para "Fazendo" e "Feito".

Quando minha equipe está pronta para começar um projeto novo, tiramos aquele PVM do pipeline e o colocamos em desenvolvimento.

Todos os PVM do roadmap são expostos em cartões Kanban, que têm campos obrigatórios, como a descrição padronizada, os requisitos e quaisquer anotações e esboços adicionais.

Essa estrutura facilita comunicar ao resto da empresa o que virá a seguir e garante que o trabalho entrará tranquilamente em desenvolvimento. Também incluímos o Objetivo do projeto e os Resultados-Chave que esperamos obter se tudo der certo.

Incluir os OKRs nos cartões Kanban força a equipe a responder duas perguntas importantes antes de construir alguma coisa:

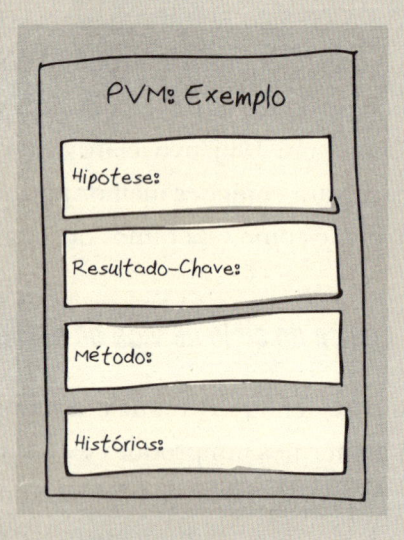

**1. O que estamos tentando obter com esse recurso?**
**2. Como medir o sucesso ou o fracasso?**

Eis como nossos cartões se estruturam:

Você vai notar que trocamos a palavra "Objetivo" pela palavra "Hipótese", com uma pequena diferença semântica. Isso serve para incentivar uma abordagem mais experimental do desenvolvimento de produtos. Em vez de dizer "isso acontecerá", dizemos "achamos que acontecerá". Então, nossa hipótese é provada ou refutada. Assim nos sentimos cientistas.

### Lógica em primeiro lugar

Além do valor que obtemos previamente por ter todas as características definidas com justificativas transmitidas com clareza, o uso de OKRs nesse contexto também leva um valor imenso a outras partes do processo.

### Priorizar o trabalho

Um uso óbvio desses OKRs é que nos permitem priorizar o trabalho no roadmap com base no impacto esperado. Ou seja, podemos priorizar o trabalho com base nas metas da empresa.

### Conectar produto e objetivos da empresa

Se a empresa tem o Objetivo de aumentar a taxa de ativação de novos clientes, podemos priorizar recursos que achamos que terão mais impacto nessa área. É um ótimo exemplo de mapeamento dos OKRs da empresa e dos departamentos, além de manter todo mundo agradavelmente alinhado.

### Colaborar com "os outros"

As pessoas adoram falar do que vai acontecer depois. Embora sejam ótimas, as discussões em torno do roadmap com pessoas diferentes da empresa, se não tiverem estrutura, tendem a se estagnar, porque todos tendem a priorizar a área da empresa de que estão mais próximos. Conseguir recitar rapidamente a lógica empresarial por trás de um recurso e sua posição na fila torna essas conversas muito mais eficientes (e menos emocionais!).

Quando alguém acha alguma coisa mais valiosa, pode-se simplesmente discutir o porquê de achar que é valiosa (hipótese) e até que ponto seria valiosa (Resultados-Chave). Isso incentiva a colaboração construtiva.

## Medição e aprendizagem

O maior impacto de medir alvos quantificáveis é ajudar a avaliar os resultados e, mais importante, aprender com esses resultados.

Acompanhamos com uma planilha simples os Resultados--Chave de todos os PVM lançados e a revisamos regularmente para ver o que conseguimos aprender. No passado, tivemos dificuldade com a questão de quando medir os resultados e começamos a determinar prazos para cada medição de OKRs.

Quando o prazo termina e coletamos os resultados, nos reunimos para discutir qualquer incoerência, resultados inesperados e outros aprendizados.

Acrescentar os OKRs aos cartões Kanban permitiu que priorizássemos melhor, aprendêssemos mais depressa e nos comunicássemos com mais eficácia. Esse também é um jeito ótimo de desenvolver o hábito de transmitir a razão de fazermos o que fazemos.

# Como fazer uma reunião para estabelecer os OKRs do trimestre

Estabelecer os OKRs é difícil. Envolve examinar com atenção a empresa e ter conversas difíceis sobre as escolhas que configuram a direção que a empresa deveria seguir. Estruture a reunião de forma bem pensada para obter o melhor resultado. Você vai conviver com esses OKRs pelo próximo trimestre.

Mantenha a reunião pequena: dez pessoas ou menos, se possível. Ela deve ser presidida pelo CEO e incluir a equipe executiva sênior. Tire os celulares e computadores. Isso vai incentivar as pessoas a serem rápidas e prestarem atenção.

Alguns dias antes da reunião, peça a todos os funcionários que enviem em qual Objetivo acham que a empresa deveria se concentrar. Lembre-lhes a missão da empresa, a estratégia que está sendo seguida e o OKR anual (se houver). Não se esqueça de lhes dar um prazo bem curto – 24 horas é mais do que suficiente. Não é bom desacelerar o processo e, numa empresa ocupada, mais tarde significa nunca.

Nomeie alguém (um consultor, um chefe de departamento, um estagiário) para coletar todas as sugestões e apresentar as melhores e mais populares.

Reserve quatro horas e meia para a reunião: duas sessões de duas horas com um intervalo de meia hora. Sua meta é cancelar a segunda sessão. Mantenha o foco.

Cada executivo deveria ter em mente um ou dois Objetivos para levar à reunião. Escreva os melhores Objetivos enviados por funcionários em Post-its e peça aos executivos que acrescentem os seus. Recomendo ter vários tamanhos de Post-its à disposição e usar os maiores para os Objetivos. Letras apertadinhas são difíceis de ler.

Agora é a hora de a equipe colar os Post-its na parede. Combine os duplicados e procure padrões que indiquem que as pessoas estão preocupadas com uma meta específica. Combine os Objetivos semelhantes. Classifique-os. Finalmente, reduza-os a três.

Discutam. Debatam. Briguem. Classifiquem. Escolham.

Dependendo da equipe, ou você chegou ao intervalo ou ainda lhe resta uma hora.

Em seguida, faça todos os membros da equipe executiva listarem livremente[1] o máximo possível de métricas possíveis para medir o Objetivo.

Esse é um tipo de brainstorming muito mais eficaz, que resulta em ideias melhores e mais diversificadas. Dê à equipe um pouco mais de tempo do que for confortável, talvez dez minutos. A ideia é obter o máximo possível de ideias interessantes.

Em seguida, você fará um mapa de afinidade com elas. Essa é outra técnica de pensamento em design, que consiste em agrupar as ideias parecidas. Se duas pessoas escreverem UAD (usuários ativos diários), você pode colocar um em cima do outro. São dois votos para essa métrica. UAD, UAM e

---

1. Caso você tenha esquecido, significa escrever o máximo de ideias sobre um tópico que você conseguir, uma ideia em cada adesivo. Com uma ideia em cada um, você pode rearrumar, descartar e manipular as ideias que os dados geraram.

UAS[2] são todas métricas de engajamento, e você pode colocar uma ao lado da outra.

Finalmente, você pode classificar e escolher seus três tipos de métrica. Escreva os KRs como um X, isto é, "X de receita", "X de aquisições" ou "X UAD". É mais fácil discutir primeiro o que medir e, depois, qual deve ser o valor e se é realmente uma meta para "abraçar o mundo". Uma briga de cada vez.

Como regra geral, recomendo ter uma métrica de uso, uma métrica de receita e uma métrica de satisfação para os KRs, mas obviamente essa não será sempre a escolha certa para seu Objetivo. A meta é encontrar maneiras diferentes de medir o sucesso para sustentar o sucesso de um trimestre a outro. Por exemplo, duas métricas de receita mostram que você pode ter uma abordagem desequili-

---

2. Usuários ativos diários, usuários ativos mensais e usuários ativos semanais.

brada do sucesso. Concentrar-se somente na receita pode fazer os funcionários manipularem o sistema e desenvolverem abordagens de curto prazo capazes de prejudicar a retenção.

Em seguida, estabeleça os valores para os KRs. Veja se são realmente metas para "abraçar o mundo". Você só deveria ter 50% de confiança que conseguirá atingi-las. Desafiem-se. Alguém está sendo complacente? Está tentando se manter em lugar seguro? Alguém é temerário? Agora é a hora do debate, não no meio do trimestre.

Por fim, reserve cinco minutos para discutir o conjunto final de OKRs. O Objetivo é ambicioso e inspirador? Os KRs fazem sentido? São difíceis? Você consegue conviver com eles durante um trimestre inteiro?

Ajeite até acertar. Depois, vá vivê-los.[*]

## *O momento certo dos OKRs*

Se estiver pronto para colocar os OKRs para funcionar, é bom planejar o cronograma da implementação. Depois de um ou dois pilotos bem-sucedidos, quando estiver pronto para passar os OKRs para a empresa inteira, esse será seu ritmo.

**1. Todos os funcionários apresentam o Objetivo que acham que a empresa deveria ter no trimestre seguinte. Isso aumenta a aceitação dos OKRs**

---

[*]  Nota da Editora: Para auxiliá-lo a conduzir essa reunião, consulte o material disponibilizado no site da Conecta através do *link*: https://somos.in/OKRFTR1.

e dá uma ideia interessante da saúde da cultura da empresa. Dê aos funcionários um prazo curto para apresentar essas ideias. Vinte e quatro horas bastam.

2. A equipe de executivos, numa sessão de meio expediente, deve discutir os Objetivos propostos. Um será escolhido. Isso exige debate e compromisso e merece bastante tempo. Então, a equipe estabelece os KRs, como já explicado.

Vi equipes estabelecerem OKRs em reuniões de apenas 90 minutos. As coisas que retardam o estabelecimento de OKRs são adiar a reunião, pular o dever de casa e se recusar a tomar decisões. Esses são problemas de RH e deveriam ser resolvidos pela administração. A meta da empresa é a vida da empresa. Comprometa-se.

3. Dever de casa dos executivos: apresente os OKRs do trimestre a seus subordinados diretos e peça que desenvolvam os OKRs da equipe. Isso também pode ser feito numa reunião de duas horas com o chefe e a equipe do departamento, realizada essencialmente da mesma maneira: listagem livre, agrupamento, classificação, seleção.

4. Aprovação do CEO. Deve durar cerca de uma hora, mais discussões de acompanhamento se algum chefe de departamento estiver longe da realidade. Reserve um dia inteiro para se concentrar só nisso.

5. **O chefe do departamento leva os OKRs da empresa e do departamento a todas as subequipes, que então desenvolvem os seus.**
6. **Reunião de todos os funcionários, na qual o CEO explica por que aquele é o OKR do trimestre e cita alguns exemplos dados por subordinados diretos. Além disso, fala dos OKRs do trimestre anterior e ressalta algumas vitórias importantes. Mantenha o tom positivo e decidido.**

Esse é o ritmo padrão que você manterá de trimestre em trimestre ao avançar. Se não puder estabelecer os OKRs em menos de 15 dias, é bom examinar suas prioridades. Nada é mais importante do que estabelecer uma meta para unir a empresa.

## Quinze dias antes do fim do trimestre

Se manteve a cadência regular de compromisso e comemoração, então você deveria saber determinar se atingiu ou errou seus OKRs duas semanas antes do fim do trimestre. Não minta para si dizendo que conseguiria tirar um coelho da cartola nesses últimos 15 dias. Só um milagre ocasional ajudaria a atingir uma meta realmente difícil em tempo tão curto. Não há razão para adiar o inevitável.

Admita que falhou num KR ou que era baixo demais e foi conseguido com facilidade. Comemore ter chegado a 80% do caminho e comemore todas as coisas boas que aprendeu enquanto trabalhava. Obtenha esse aprendizado e o passe para o próximo exercício de estabelecimento de metas.

Os OKRs têm a ver com aprimoramento contínuo e ciclos de aprendizagem. A questão não é marcar itens numa lista. Então você não atingiu nenhum de seus KRs? Pergunte-se por que e conserte. Atingiu todos eles? Estabeleça metas mais difíceis e continue. Concentre-se em aprender, ficar mais esperto e ter melhores coisas a comemorar toda sexta-feira.

# OKRs PARA EQUIPES DE PRODUTO

*Por Marty Cagan, fundador do Silicon Valley Product Group*

*No decorrer dos últimos 30 anos, Marty Cagan foi o executivo responsável por definir e criar produtos para as empresas mais bem-sucedidas do mundo, como Hewlett-Packard, Netscape Communications, America Online e eBay.*

Os OKRs são uma ferramenta geral que pode ser usada por qualquer um na empresa, em qualquer cargo e até na vida pessoal. No entanto, como com toda ferramenta, é preciso considerar a melhor maneira de aplicá-la. Os OKRs tiveram sucesso considerável, principalmente nas empresas de produtos de tecnologia, das grandes às pequenas, e algumas lições importantes foram aprendidas, enquanto equipes e empresas trabalham para melhorar sua capacidade de execução.

O conceito organizacional central da estrutura de produto é a *equipe de produto* (também chamada de equipe de produto durável, equipe de produto dedicada, equipe de produto ágil ou esquadrão). A equipe de produto é um conjunto *multifuncional* de profissionais, em geral um gerente de produto, um designer de produto e um pequeno número de engenheiros. Às vezes, há na equipe outras pessoas com habilidades especializadas, como cientistas de dados, pesquisadores de usuários ou engenheiros de automação de testes. Tipicamente, cada equipe de produto é responsável por alguma parte significativa da tecnologia ou da oferta de produtos da empresa. Por exemplo, uma equipe de produto pode ser responsável pelos aplicativos para celular, outra pela tecnologia de segurança, outra pela tecnologia de buscas etc.

O segredo é que essas pessoas, com suas habilidades diferentes, costumam vir de diversos departamentos funcionais da empresa, mas sentam-se e trabalham o dia inteiro, todos os dias, com sua equipe multifuncional para resolver problemas difíceis dos negócios e da tecnologia. Em empresas maiores, não é raro ter algo como 20 a 50 dessas equipes de produto multifuncionais, cada uma responsável por uma área, cada equipe com seus objetivos. Os problemas que essas equipes precisam abordar são, como seria de esperar, transmitidos e acompanhados por meio dos OKRs da equipe de produto. Os OKRs também ajudam a assegurar que todas as equipes estejam alinhadas aos objetivos da empresa. Além disso, quando a empresa cresce, os OKRs se tornam uma ferramenta cada vez mais necessária para garantir que cada equipe de produto entenda como contribuiu para o todo maior, para coordenar o trabalho entre as equipes e para evitar a duplicação de trabalho.

Explicar isso é importantíssimo, e a razão é que, quando as empresas começam a usar OKRs, há uma tendência comum de fazer cada *departamento funcional* criar OKRs próprios para se organizarem. Por exemplo, o departamento de design pode ter Objetivos ligados a passar para um design responsivo; o departamento de engenharia, Objetivos ligados a aumentar a escalabilidade e o desempenho da arquitetura; o departamento de qualidade, Objetivos ligados à automação de testes e lançamentos.

O problema é que os *membros* de cada um desses departamentos funcionais são membros reais da equipe de produto multifuncional. A equipe de produto tem Objetivos ligados ao negócio (por exemplo, reduzir o custo de aquisição de clientes, aumentar o número de usuários ativos diários ou reduzir o tempo de integração de um cliente novo), mas cada pessoa da equipe pode ter um conjunto próprio de Objetivos que vem de seu gerente funcional.

Imagine se os engenheiros recebessem ordem para dedicar seu tempo à mudança de plataforma, os designers para adotar um design responsivo, a qualidade para substituir ferramentas e assim por diante. Embora cada uma dessas atividades tenha seu valor, a probabilidade de realmente resolver os problemas de negócios que as equipes multifuncionais foram criadas para resolver não é alta. Nesse caso, o que costuma acontecer é que as pessoas das equipes de produto ficam em conflito, sem saber a que dedicar seu tempo, o que resulta em confusão, frustração e resultados decepcionantes, tanto dos líderes quanto de cada um dos funcionários.

Mas isso é fácil de evitar.

Se você estiver mobilizando os OKRs para sua estrutura de produto, o segredo é focalizar os OKRs no nível das *equipes de produto*. Concentre a atenção dos indivíduos nos Objetivos de sua equipe de produto. Se tiverem Objetivos maiores (como design responsivo, débito técnico e automação de testes), as organizações funcionais diferentes (como design, engenharia ou controle de qualidade) deveriam discuti-los e priorizá-los no nível da equipe de líderes ao lado dos outros Objetivos da empresa e incorporados aos Objetivos das *equipes de produto* pertinentes.

Observe que, para os *gerentes* das áreas funcionais, não é problema ter Objetivos individuais relativos à sua organização, porque essas pessoas não estão conflitadas, não estão trabalhando normalmente numa equipe de produto. Por exemplo, o chefe de design de experiência do usuário pode ser responsável pela estratégia de migrar para um design responsivo; o chefe da engenharia pode ser responsável pela estratégia de gerenciar o débito técnico; o chefe da gestão de produto pode ser responsável por fornecer uma visão do produto; o chefe do controle de qualidade pode ser responsável por escolher uma ferramenta de automação de testes.

Normalmente, também não é um grande problema que um colaborador (como um engenheiro, designer ou gerente de produto específico) tenha um pequeno número de Objetivos relativos ao crescimento pessoal (por exemplo, aumentar seu conhecimento sobre uma tecnologia específica), desde que o indivíduo não se comprometa com um fardo que interfira em sua capacidade de contribuir para a equipe de produto, que, naturalmente, é sua responsabilidade primária.

O segredo é que a cascata de OKRs numa organização de produto precisa partir das equipes de produto multifuncionais para o nível da empresa ou da unidade de negócios.

# Cascatear OKRs em grande escala

Como evitar a lenta cachoeira de metas? Passe de cascatear OKRs a alinhar OKRs.

**CASCATA DE OKRs**

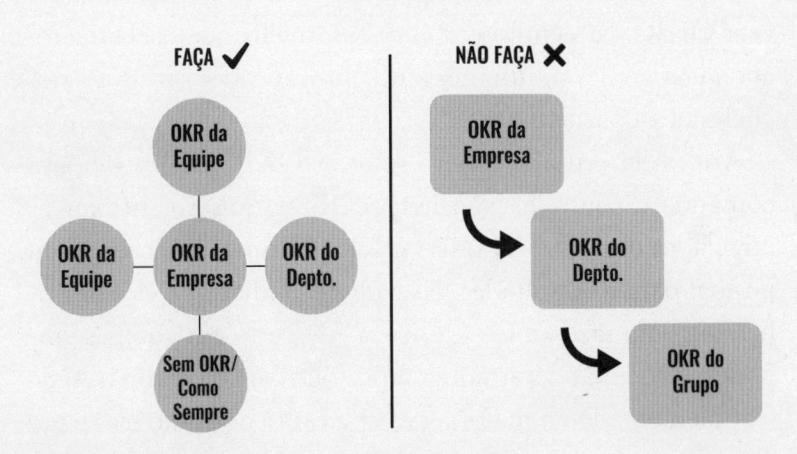

Como no começo vivenciei e trabalhei com OKRs em startups, defendi, na primeira edição de *OKR: Foco Total nos Resultados*, o cascateamento de OKRs. Quando se tem 20 pessoas na equipe, cascatear os OKRs é simples. Contudo, numa empresa grande, o cascateamento *não se aplica*. E, assim como a Startup Enxuta teve de se adaptar a empresas que queriam parte daquela maravilha veloz e iterativa, os OKRs também precisam se adaptar para funcionar em empresas grandes.

Quando a empresa só tem um ou, talvez, dois níveis de hierarquia, uma cascata direta faz sentido. A equipe executiva estabelece os OKRs da empresa e depois as equipes de produto criam os seus. A engenharia e o design não precisam de OKRs em seus departamentos, porque 99% de seu trabalho é com as outras equipes.

Mas, quando cresce, a empresa muda. Ouvi o caso de uma nova CEO (real, mas não darei o nome) que chegou a uma empresa muito grande que estava indo mal e tentou usar OKRs para endireitar as coisas. Infelizmente, ela microgerenciava, e levou um mês para aprovar todos os OKRs dos chefes de departamento.

Vou dizer em alto e bom som: os OKRs *não servem* para comando e controle. Não use OKRs se quiser controlar as atividades dos outros. Só use OKRs se quiser direcionar seu pessoal para os resultados desejados e confiar que eles descobrirão como fazê-lo. Os OKRs *só* dão certo em equipes empoderadas, senão viram uma farsa (que lembra como o Agile é implementado na maioria das empresas, portanto não é tão chocante assim, mas continua preocupante).

Então, o que fazer?

Supondo que você tenha feito o piloto com uma equipe autossuficiente de elevado desempenho, supondo que tenha ajustado o ambiente, as verificações e o processo de avaliação à sua cultura, e supondo que saiba o que está fazendo e esteja pronto para aumentar a escala, eis o que já se comprovou que dá certo: confie em suas equipes.

Confie em suas equipes para estabelecer seus próprios OKRs com base na estratégia da empresa. Confie em suas equipes para saber como realizá-los. Confie em suas equipes.

## Entra em cena o cone da incerteza

- Você tem uma missão. Feito.
- Você tem uma estratégia que quer implantar. Feito.
- Você tem um conjunto anual de OKR ou decidiu não ter. Feito.

Agora, a equipe executiva estabelece quatro Objetivos e três Resultados-Chave: o Objetivo do primeiro trimestre com os Resultados-Chave que o acompanham e mais três *candidatos* a Objetivos para os outros três trimestres, mas sem Resultados-Chave. Recomendo essa abordagem por duas razões: primeira, estabelecer os Resultados-Chave exige um certo tempo; segunda, é difícil prever a necessidade futura da organização. Em 1958, J. M. Gorey usou a expressão "cone da incerteza". O cone da incerteza afirma que quanto mais distante no futuro fica a previsão, menos precisa ela se torna. No entanto, sem uma meta de longo prazo é difícil fazer planos de longo prazo e passar de reativo a estratégico. Resolvemos isso com metas específicas para o futuro próximo e leves esboços para o futuro distante menos conhecido.

## Estratégia semiconstruída

Em 2010, a cidade de Constitución, no Chile, sofreu um enorme terremoto. Morreram mais de 500 pessoas, e cerca de 80% dos prédios de Constitución foram arruinados.

Um escritório de arquitetura chamado Elemental foi contratado para criar um plano diretor para a cidade, com novas moradias para os desalojados do desastre. A Elemental decidiu dar às pessoas meia casa.

As casas são simples, de dois andares, cada uma com uma parede que corre no meio, dividindo-a em duas. Um lado da casa está pronto para morar. O outro lado é só uma estrutura em torno de um espaço vazio, à espera de ser construído pelo ocupante.

O que casas semiconstruídas têm a ver com os OKRs? Elas são uma inspiração para o que chamo de "estratégia semiconstruída".

A estratégia semiconstruída segue o alerta do cone da incerteza sobre as previsões. Você cria um conjunto completo de OKRs para o próximo trimestre. Vamos chamá-lo de T1. Você identifica os Objetivos e os três Resultados-Chave. Ao iniciar o trimestre, tem confiança de que seu conjunto de OKRs é difícil, mas não impossível.

Contudo, é possível criar conjuntos de OKRs para T2 a T4? Provavelmente não, porque primeiro temos de ver como fica o T1. Mas, em vez de só acenar para os planos do futuro, podemos criar três esboços de Objetivo para os próximos três trimestres.

Por que não temos Resultados-Chave? Enquanto ensinava a metodologia OKR, vi que, em geral, os Resultados-Chave são mais difíceis de estabelecer do que os Objetivos. Exigem bem mais tempo porque é preciso discutir que métricas importam e se é possível acessá-las. Quanto mais tempo se trabalha com alguma coisa, mais preciosa ela fica. (É o chamado Efeito IKEA, se você quiser procurar!) Assim, ao fazer os quatro Os e os três KRs da estratégia semiconstruída (todas para o T1), ainda temos um norte para nos orientar, mas que foi feito rapidamente, para a equipe não sentir que desperdiçou seu tempo na criação de um plano imprestável. Todos ficarão mais dispostos a desenvolver o plano quando coletarem mais dados a cada trimestre.

—

*Embutir deliberadamente a ausência de estratégia pode promover a flexibilidade na empresa [...]. As organizações com controles rígidos, elevada confiança em procedimentos formalizados e paixão por coerência podem perder a capacidade de experimentar e inovar.*

Andrew Inkpen e Nandan Choudhury, em "The seeking of strategy where it is not: Towards a theory of strategy absence"

—

Vejamos como isso se desenrola na vida real. Digamos que uma startup terá de começar a rodada de investimentos da série B no T1 de 2018 e estamos no fim do T4 de 2016. Vou chamar essa empresa de TinkWorks para facilitar.

Primeiro, você escolhe um conjunto anual de OKRs. O Objetivo anual da TinkWorks tem a ver com estar pronta para levantar esses investimentos da série B. Então, a CEO da TinkWorks escolhe um Objetivo a cada trimestre que leve ao estado final desejado: mostrar progresso para levantar dinheiro.

Ninguém quer uma dúzia de Objetivos; assim, a esperta CEO da TinkWorks decide um tema para cada trimestre. O T1 é sobre retenção, o T2 mira a conversão, o T3 foca em aquisição e, o T4, se dedica ao discurso e à preparação do espetáculo.

Agora que tem um esboço de roadmap para o ano, ela se dedica a elaborar o Objetivo do T1 e a escolher os Resultados-Chave corretos com sua equipe executiva. Então, ela os seleciona com a equipe e pronto.

Escolher os Resultados-Chave depois da retrospectiva do fim do trimestre significa que os OKRs do trimestre seguinte levarão em conta o aprendizado do trimestre anterior. Se houver uma métrica melhor para acompanhar, por exemplo, ou algo da retenção que afetará a estratégia de conversão, os KRs podem refletir isso corretamente. Escolher a métrica correta e calcular o volume certo de crescimento dá muito trabalho. É melhor só fazer quando necessário.

O bom é ter apenas o planejamento necessário para saber o que fazer e o que observar, mas não a ponto de você se trancar num plano de jogo ruim.

Objetivos adequadamente sequenciados também criam aprendizagem institucional. Imagine que uma equipe passe o trimestre pensando dia e noite em retenção. No trimestre seguinte, todos se concentram profundamente na conversão. Você acha que a memória deles foi apagada? Não! Agora a retenção faz parte do DNA da empresa. A retenção pode virar uma Métrica de Saúde se precisar de monitoramento contínuo.

## Como isso fica na TeaBee?

**Missão:** Conectar os melhores produtores de chá com os clientes que amam um chá original e delicioso.

**Objetivo anual:** Graças à TeaBee, os Estados Unidos mal podem esperar para descobrir um novo chá depois de uma bela refeição.

**KR:** Receita de 20 milhões de dólares em mais de cinco geolocalizações.

**KR:** A consciência assistida da marca sobe 10%.

**KR:** 500 ou mais pedidos de chá TeaBee para uso doméstico.[1]

**T1:** A costa oeste ama a TeaBee.

**KR:** Receita de 1 milhão de dólares prevista em Los Angeles, Portland e Seattle.

**KR:** Cinco restaurantes têm adesivos "Aqui servimos TeaBee" na vitrine.

**KR:** Pelo menos um dos primeiros adotantes marcou entregas de TeaBee para o ano inteiro.

**T2:** Nova York ama TeaBee.

**T3:** Austin ama TeaBee.

**T4:** Washington ama TeaBee.

Agora, a TeaBee tem flexibilidade para mudar os OKRs dos T2 a T4 com o que aprenderem no T1, mas a ideia de

---

1. Esses números são completamente inventados.

que estão se expandido por meio de locais fica clara para a empresa.

Em seguida, todas as equipes autossuficientes podem estabelecer seus OKRs. São equipes autônomas e empoderadas que têm todos os recursos de que precisam para avançar. Muitas vezes, são equipes de produto com recursos dedicados de design e engenharia (ou mais, dependendo do tipo de empresa). Esses candidatos a OKRs podem ser revistos e discutidos com o gerente direto das equipes. Essa "revisão" é mais para o gerente transmitir qualquer informação que tenha por ser capaz de ver o que acontece em outros grupos e não para "aprová-los".

Em vez disso, pode ser uma revisão por pares. As equipes podem compartilhar seus conjuntos de OKRs com outras equipes para receber feedback e aumentar a conscientização de qual será seu foco. Isso promove mais autonomia e um local de trabalho menos hierárquico.

## Tenha um processo de revisão curto e iterativo

Quarenta e oito horas depois de estabelecidos os OKRs da empresa, o resto da empresa deveria ser capaz de divulgar os seus. Direi de novo: O MELHOR É INIMIGO DO BOM. Um processo de revisão curto, de 24 horas, se possível, permite que as equipes vejam o que os outros estão fazendo e ajustem seus próprios OKRs ou critiquem os outros. Qualquer um pode criticar os OKRs de qualquer um: esse deveria ser um processo em que a empresa inteira ajuda uns aos outros a melhorar. Temos sucesso juntos ou não temos. Quando essa janela se fecha, você convive com eles até o trimestre seguinte, quando terá a oportunidade de melhorar. A paralisia da análise é real e é importantíssimo se planejar para evitá-la. Coloque os OKRs em ação para aprender como melhorá-los na próxima vez.

É claro que, na revisão, você pode encontrar alguém trabalhando no mesmo problema que sua equipe. TUDO BEM. Eu me lembro de conversar com Ken Norton, sócio da Google Ventures, sobre a época em que ele começou no Google. O Google já era imenso e tinha uma abordagem anti-intuitiva de duplicação do esforço: a empresa acredita que não há como saber qual equipe terá sucesso e como terá sucesso, então só se preocupe com a duplicação quando tiver múltiplas opções de sucesso. Acho que é o jeito certo de olhar a inovação: é mais importante ser eficaz do que ser eficiente. A eficiência mata a inovação.

Há uma cronologia que parece um pouco com isso (alguns passos já serão conhecidos):

- Avalie os OKRs duas semanas antes do fim do trimestre (há pouquíssimas soluções milagrosas nas duas últimas semanas, a não ser que você esteja em vendas). Determine se deve passar ao próximo Objetivo esperado, mudá-lo ou refazer tudo.
- Os OKRs anuais são estabelecidos por executivos, em geral fora da empresa (por razões de foco).
- Cerca de 15 dias antes do fim do trimestre, os executivos estabelecem os OKRs da empresa. Depois de pegar o jeito dos OKRs, essa será uma reunião de duas horas, mas no começo do processo reserve mais tempo. Recomendo marcar reuniões de duas ou três horas e pensar em como será bom cancelá-las se não forem necessárias!

- Publique os OKRs da empresa uma semana antes do fim do trimestre. Equipes e departamentos estabelecem OKRs.
- Publique os OKRs de equipes e departamentos (se houver).
- Período curto de revisão.
- Período curto de correção.
- Já comece correndo no primeiro dia do novo trimestre.

Essa é a única maneira de ampliar os OKRs sem fazer a empresa parar todo trimestre. Isso exige que você faça várias coisas corajosas:

- **Contratar bem.**
- **Estabelecer metas claras baseadas em resultados.**
- **Abrir mão do controle das táticas para atingir as metas da empresa.**
- **Confiar em suas equipes.**

Se você não tiver confiança, os OKRs não vão ajudar muito, de qualquer modo.

## Os OKRs e o portfólio de produtos

Nas empresas maiores, é preciso descobrir quem precisa ou não usar OKRs. Há grupos que terão muita dificuldade se você lhes der OKRs e outros que vão desabrochar. Os três grupos que vejo enfrentar mais dificuldade são as equipes de atendimento, as do feijão com arroz e os indivíduos.

Vamos começar com o portfólio de produtos de uma empresa. O Boston Consulting Group tem um gráfico 2×2 bem bacana ao qual sempre retorno, apresentado a seguir.

Todos os seus produtos deveriam se encaixar num desses quadrantes. Todos eles deveriam ter OKRs? O que você deveria fazer em cada quadrante?

O ponto de interrogação é um mercado no qual você não tem muitos produtos (ou não tem nenhum), mas que cresce loucamente. Pense no mercado dos *baby boomers* ou na China há alguns anos. Nesse quadrante, você pode usar OKRs exploratórios e hipotéticos (veja o item "Além da abordagem comum dos OKRs").

A estrela é o mercado que se expande. Você tem sucesso E produtos e serviços já nesse mercado. É hora de ver a que altura fica o teto! Aqui, é bom usar os OKRs tradicionais.

As vacas leiteiras são as empresas que saturaram o mercado e não têm como crescer, mas que ainda ganham dinheiro. Se não houver mesmo um jeito de fazer esse mercado crescer, não o submeta a OKRs. Isso só gerará frustração.

E, se for o cão – um mercado que some com o sucesso de seu produto –, está na hora de escapar. Não peça a essa equipe que use OKRs. Em vez disso, procure automatizá-la ao máximo e não invista mais nela.

Com base no diagrama do BCG, desenvolvi o modelo a seguir, no qual é possível compreender a aplicação da visão de OKRs sobre cada um dos quatro quadrantes. Chamei esse diagrama de "4Es do Portfólio de Produtos" e espero que ele ajude você a pensar se necessita de OKRs ou se apenas utilizar KPIs funciona.

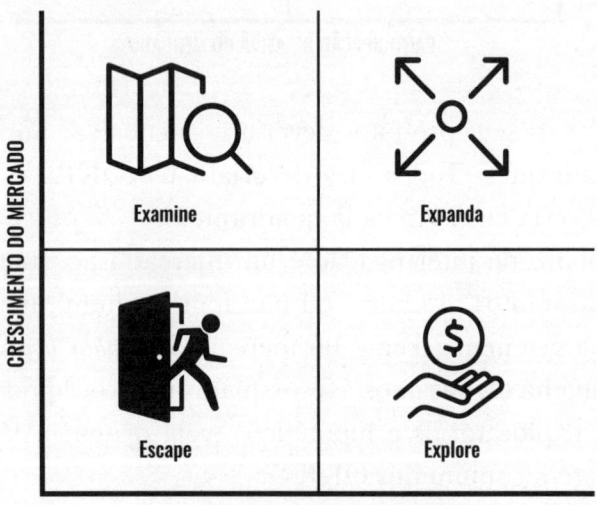

E por que não podemos usar OKRs nos produtos do mercado em encolhimento? Se pedir que as pessoas façam o impossível e atrelar sua remuneração a isso, você terá maus resultados. Em primeiro lugar, é deprimente ter de fazer o que é completamente impossível. Em segundo, se tiverem sua remuneração atrelada a isso, as pessoas vão trapacear e manipular o sistema.

O que essas duas empresas têm em comum?

- Wells Fargo
- VW

Ambas tiveram executivos que estabeleceram metas impossíveis e não aceitaram "não" como resposta. Ambas atrelaram a remuneração (e até a manutenção do emprego) ao cumprimento de metas impossíveis. E isso trouxe lucro, até que alguém descobriu.

No início dos anos 2000, a Wells Fargo criou uma campanha de venda cruzada chamada "Going for Gr-Eight" – fazer trocadilhos engraçadinhos com os nomes de metas impossíveis não ajuda, aliás.* Criaram-se esquemas de incentivo para todos, dos caixas aos gerentes distritais. Em algumas agências, os funcionários nem podiam ir para casa antes de cumprir a meta!

Mas, em 2013, começaram a aparecer relatos de que a campanha Gr-Eight levava os funcionários a práticas desonestas, como criar contas ou cartões de crédito para clientes sem sua permissão. E, quando a notícia do escândalo começou a aparecer, a Wells Fargo demitiu cerca de 500 pessoas por violações éticas, fez treinamentos de ética e mandou os

---

* Nota da Editora: Em inglês, a expressão "Gr-Eight" soa como *great*, que significa "grande", "ótimo". Em português, seria algo como "Gr-Oito".

funcionários não criarem contas falsas, mas não mudou os alvos da "Going for Gr-Eight". Assim, as fraudes continuaram. Finalmente, quando fizeram uma auditoria, os órgãos reguladores descobriram dois milhões de contas e cartões de créditos fictícios e venda de serviços a clientes com promessas falsas.

—

*Trapacear e encobrir são subprodutos naturais de uma cultura de cima para baixo que não aceita "não" ou "não dá para fazer" como resposta. Mas a combinação dessa cultura com a crença de que uma estratégia brilhante formulada no passado vai se aguentar indefinidamente no futuro vira uma receita segura de fracasso.*

Amy C. Edmonson, em *A organização sem medo:* criando segurança psicológica no local de trabalho para aprendizado, inovação e crescimento

—

A VW tinha uma cultura de medo e metas impossíveis na busca do diesel limpo. Então, os engenheiros decidiram criar um código que percebia quando o veículo estava sendo testado e reduzia as emissões. Mas, de volta às ruas, o carro emitia 40 vezes o nível de poluição do ar permitido pela legislação.

É melhor que os gerentes trabalhem com a equipe para chegar a uma meta difícil que faça sentido para o grupo. O lucro a curto prazo é bom, mas o lucro a longo prazo criado por funcionários que genuinamente se dedicam é melhor.

## Os departamentos de apoio terão dificuldade

O departamento de apoio é o grupo que dá suporte às equipes de produto. Ele pode incluir, entre outros:

- Engenharia (inclusive operações).
- Design.
- Jurídico.
- Atendimento ao cliente.
- Marketing.
- Finanças.

Os departamentos de apoio decidem se querem criar OKRs nas áreas que desejam melhorar com o tempo restante esperado depois de auxiliarem as equipes de produto. Em geral, eles só têm de 5% a 20% do tempo da semana para dedicar a projetos próprios. Quando o grupo é grande a ponto de precisar de recursos internos (gestão de projetos etc.), a equipe pode criar OKRs caso sinta necessidade. Recomendo NÃO tentar os OKRs em grupos de apoio, a não ser que tenham o controle da alocação de recursos e pessoal suficiente para que algo aconteça.

Digamos que estejamos falando de grupos de apoio em companhias maiores com bons recursos. Essas equipes NÃO têm de esperar que as equipes de produto autossuficientes criem seus OKRs. Caso NÃO saibam quanto tempo podem controlar a cada semana, essas equipes de apoio deveriam usar o monitoramento do tempo para medir a carga de trabalho durante o trimestre antes de estabelecer qualquer OKR.

Alguns grupos, como jurídico ou finanças, têm cronogramas mais previsíveis do que as equipes de produto. Nem sempre precisam de OKRs e podem usar as Métricas de Saúde para manter a qualidade em estado constante.

## Vamos falar sobre OKRs individuais

É só dizer não.

Depois de anos de luta das empresas com os OKRs individuais, acho que está na hora de aposentá-los. É simplesmente difícil demais impedir que virem ferramentas desmotivadoras de microgerenciamento da produtividade para espremer do indivíduo o último miligrama de trabalho até que ele seja descartado por esgotamento. As pessoas não são engrenagens de uma máquina que podem ser facilmente substituídas quando se desgastam. As pessoas ganham valor com o tempo, conforme aprendem e crescem. Elas têm uma rica rede social da qual a empresa pode se beneficiar, têm experiências e noções sobre o campo em que trabalham e se tornam a geração seguinte de líderes. O bom é ajudar as pessoas a aproveitarem seu potencial, e não as esgotar até se demitirem.

Muitos líderes me perguntam: "Mas, se não usar OKRs para as revisões de desempenho, como farei essas revisões?"

Em *The Team that Managed Itself*, mostrei um canvas simples usado para contratar, gerenciar e rever o trabalho do indivíduo. A seguir, um trecho resumido. Se você é um novo gestor ou quer aumentar sua capacidade de gerenciar pessoas, esse livro também vai ser útil.

### 1º passo: defina o cargo

Para contratar com eficácia (interna ou externamente), é preciso primeiro entender o cargo. Cada um deles tem quatro partes.

Primeiro, você descreve as coisas que a pessoa no cargo faz – metas e responsabilidades – e o que sabe – habilidades e conhecimento do mercado.

As responsabilidades são as condições básicas de qualquer emprego. Por exemplo, um gerente de pessoal tem de criar e administrar orçamentos, treinar os subordinados diretos e manter a gerência sênior informada do progresso.

O cargo também tem metas que precisa cumprir, alinhadas aos OKRs da empresa. Como as metas mudam quando a empresa muda, você não saberá todas as metas que o cargo terá de cumprir para sempre. Mas deve ter uma noção de quais são as metas a curto prazo. Criar uma nova equipe? Construir novas eficiências? Desenvolver estratégias de inovação? Veja se suas metas – quer usem ou não o jargão – são tão concretas que você saberá quando o novo funcionário as atingir. Se disser "Desenvolver estratégias de inovação", pergunte-se: como seria isso? Qual é o critério de desistência? Como saber se houve sucesso? As metas vagas são inimigas do progresso.

Para assumir essas responsabilidades e cumprir as metas desejadas, o funcionário precisa de conhecimento do mercado e das habilidades certas para o cargo. *Conhecimento do mercado* é o que o candidato sabe sobre o espaço em que a empresa funciona: comércio, assistência médica, educação. *Habilidades* são as competências técnicas e pessoais necessárias para o serviço, de Python a colaboração. Coloco habilidades e responsabilidades lado a lado porque, em geral, elas são interdependentes. O candidato talvez precise usar o Excel para fazer análises financeiras na empresa. Ou a empresa talvez não se importe com o software usado, desde que tenha resultado. Colocá-las juntas ajuda a decidir o que você quer enfatizar na descrição do cargo: o que a pessoa faz ou como a pessoa faz.

Recomendo fazer uma lista livre das habilidades do cargo, classificá-las e depois traçar uma linha entre o que é necessário e o que seria bom.

## Como usar o Canvas do Cargo

O canvas é um esquema visual que ajuda a analisar um problema que foi compreendido. Projetei o Canvas do Cargo para ser simples, de modo que você possa consultá-lo durante todo o ciclo de vida do cargo. Incluí os quatro atributos mencionados anteriormente: metas, responsabilidades, habilidades e conhecimento, além de uma área para perguntas.

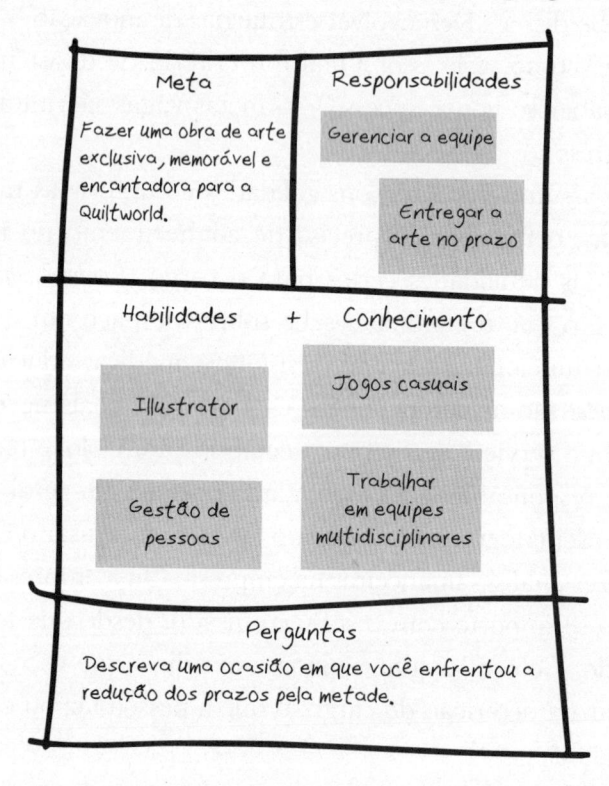

Pegue a gigantesca lista de qualidades desejadas para o cargo que você classificou cuidadosamente. Vamos priorizar ainda mais.

Na área de metas, coloque apenas de uma a três delas. Uma meta grande articulada com clareza é melhor para lhe dar foco sobre a contratação. Sei que você tem 100 desejos para o unicórnio mágico que espera contratar, mas é mais importante conseguir alguém que realize a coisa mais importante que precisa ser feita.

## Exemplos de meta:

- Montar uma equipe interna de design.
- Transformar a engenharia com o processo Agile.
- Criar uma nova categoria de produto para nosso portfólio.

Se o candidato puder contribuir para os OKRs da empresa ou da equipe de produto, seria bom apontar isso. Depois, você pode acompanhar as contribuições ao OKR.

O conhecimento se refere aos atributos do mercado com que os candidatos deveriam estar familiarizados. Assistência médica? Comércio eletrônico? Escolha uma a três áreas de conhecimento.

## Exemplos de conhecimento:

- Familiarizado com as melhores práticas de fluxos de comércio eletrônico.
- Entende a dinâmica das redes sociais.

- Cinco anos ou mais de experiência em internet banking.

Ao descrever as responsabilidades, não faça uma lista de compras. Tente reduzir a lista às cinco mais importantes. Cada semana tem só 40 horas, e a maioria das pessoas gosta de dormir e ver a família. Coloque as responsabilidades fundamentais e deixe que o serviço mostre outras, caso necessário. Se não for necessário, pelo menos as coisas mais importantes serão feitas.

## Exemplos de responsabilidade:

- Contratar, treinar e demitir subordinados diretos.
- Acompanhar e melhorar as métricas.
- Manter a saúde básica do código.

Quando listar as responsabilidades, talvez você pense nas habilidades básicas para cumpri-las. É útil explicitá-las para entrevistar com eficácia e, mais tarde, configurar o treinamento que você quiser financiar.

## Exemplos de habilidade:

- Photoshop.
- Django.
- Excel.
- Práticas de usabilidade.
- Trabalhar com bibliotecas de padrões.
- Multitarefa.

Como você pode ver, as habilidades são quase como um conjunto de competências geral, de software a habilidade com pessoas.

Agora você tem uma descrição que inclui os elementos mais fundamentais do cargo, mas não é exaustiva a ponto de não deixar espaço para habilidades perpendiculares, surpreendentes e interessantes. Talvez você arranje um profissional de marketing que saiba editar vídeos. Talvez consiga um programador com grande instinto para a usabilidade. Os seres humanos são complexos e surpreendentes. É útil ter espaço para o candidato inesperado.

Do mesmo modo, você pode obter candidatos mais diversificados. Estudos[2] mostram que as mulheres só se candidatam a um emprego quando estão 100% qualificadas, enquanto os homens se candidatam quando estão 60% qualificados. Se só listar o que absolutamente precisa que o candidato tenha, você obterá um conjunto maior de funcionários possíveis.

## 2º passo: entreviste e contrate

Antes de entrevistar, olhe seu canvas e se pergunte: "Como vou saber?" Como saber se a pessoa tem essa habilidade? Como saber que cumprirá a meta? Como saber se assumirá essa responsabilidade?

Em geral, a resposta é: Me conte uma história...

---

2. MOHR, Tara Sophia. Why Women Don't Apply for Jobs Unless They're 100% Qualified. *Harvard Business Review*, 2 mar. 2018. Disponível em: https://hbr.org/2014/08/why-women-dont-apply-for-jobs-unless-theyre-100-qualified. Acesso em: 30 nov. 2018.

É claro que você pode perguntar: "Você sabe lidar com conflitos?" A pessoa pode dizer "não", se for muito sincera, mas o mais provável é que diga "sim", pois isto é uma entrevista de emprego.

Em vez disso, tente pedir: "Descreva uma ocasião em que você e sua equipe enfrentaram conflitos". Isso evita especulações e lhe dá algo para também conferir com as referências. Escreva suas perguntas no campo inferior do Canvas do Cargo e as use como guia para avaliar os candidatos.

## 3º passo: gerencie usando o Canvas do Cargo

Antes da reunião semanal individual, revise o Canvas do Cargo. A pessoa está fazendo progresso rumo à meta que contribui para os OKRs da empresa? Está assumindo suas responsabilidades? Tem os conhecimentos e habilidades necessários para o serviço?

Agora, escolha o tópico mais importante para discutir. Pode ser a contribuição da pessoa para a equipe que faz seus OKRs. Mas também pode ser o feedback que ouviu sobre a pessoa de outros membros da equipe ou uma habilidade que acredita que ela precisa aprender. Anote para si qual é o tópico e os detalhes mais importantes. Não confie na memória. A emoção pode confundi-la.

Tente não ter mais de três coisas na lista. Uma só é melhor. Lembre-se, vocês se reúnem toda semana. Discuta menos coisas de uma forma melhor. E reserve 50% ou mais do tempo para problemas que seus subordinados lhe trouxeram.

Pense em fazer uma caminhada, em vez de ficarem sentados numa sala de reunião. Será mais fácil conversar, mais relaxante, e tirará vocês do prédio. Comece a conversa com uma pergunta pessoal fácil sobre um interesse que você tenha em comum com a pessoa, como esportes ou entretenimento. Se não sabe do que a pessoa gosta, pergunte! O melhor trabalho é feito quando todos se conhecem como seres humanos.

Quando voltar à sua mesa, reserve cinco minutos para escrever os pontos mais importantes da conversa. Se gosta de papel, coloque Post-its na parte de baixo do Canvas do Cargo, criando camadas. Se prefere o meio digital, crie um documento com datas para revisá-lo rapidamente para a conversa trimestral. Abra um novo Canvas/documento de reflexão a cada trimestre, para que não fiquem grandes e ilegíveis demais.

## 4º passo: avalie e dê feedback com o Canvas do Cargo

Até hoje, as palavras "revisão de desempenho" me deixam um pouco mal. Quando estava no Yahoo!, eu tinha de acrescentar tempo extra a qualquer projeto que ocorresse perto da época da revisão de desempenho, porque a equipe ficava tão deprimida que o trabalho quase parava. Também me lembro de outros locais de trabalho onde os gerentes jogavam todos os meus defeitos na minha cara uma vez por ano e me deixavam abalada, pensando em procurar outro emprego. Ela pode até ser rebatizada de "conversa" ou "reflexão" trimestral, mas o problema não é o nome, é fazer as revisões de desempenho do modo tradicional. Quem gerencia pessoas tem de aprender a dar feedback do jeito certo.

Dê o feedback trimestralmente, mesmo que ainda faça as revisões de desempenho anuais. Isso dá a você e seus subordinados diretos a oportunidade de crescer durante o ano, resolver problemas e reforçar rapidamente os comportamentos positivos. Não use o cronograma da empresa como desculpa para não ter conversas difíceis, mas necessárias.

A revisão de desempenho trimestral tem duas partes: preparação e realização. Não pule a preparação de jeito nenhum. A memória não é digna de confiança. Faça seu dever de casa para dar um feedback justo.

Reveja os relatórios semanais de status e suas anotações das reuniões individuais semanais. Observe quantas vezes os comportamentos positivos e negativos surgiram. Procure padrões. Determine o que é importante e o que é trivial.

Imagine um escritório de design. Há uma equipe que gosta de colocar música para tocar à tarde enquanto trabalha. Um dos membros tem a tendência de começar, para poder tocar a música que gosta. Isso incomoda os mais introvertidos, que não querem confrontá-lo. Esse mesmo designer tem o mau hábito de interromper os clientes nas reuniões de apresentação. É fundamental abordar formalmente um desses problemas na avaliação. O outro é importante para a saúde da equipe, mas provavelmente pode ser resolvido de outra maneira, como fazer um rodízio de opções musicais numa tabela.

Todo problema deve ser resolvido, mas nem todos chegam ao nível de serem discutidos na avaliação. Se der muito feedback a alguém, a pessoa ficará sobrecarregada e se dispersará. Escolha dois ou três problemas principais que deseja abordar. Ou só um. Então, decida como quer resolver as outras questões (se houver). Algumas coisas podem ser discutidas em reuniões pessoais. Outras, como equipe. E outras talvez nem valha a pena abordar. Nenhum de nós é perfeito, e não é serviço do gerente nos deixar assim. Como gerente, você busca problemas que interfiram com a saúde da equipe e a capacidade de desempenho.

Além disso, encontre oportunidades de elogiar. Embora já se tenha demonstrado que o famoso "sanduíche de me*da", com dois elogios e uma crítica no meio, não funciona (pesquise), é bom que as pessoas saibam que são apreciadas. Talvez não consigam ouvir você na reunião, principalmente se ficarem emocionalmente afetadas pelo feedback, portanto não se esqueça de escrever os pontos principais e lhes entregar.

Em alguns trimestres, talvez não haja nada para criticar. Isso é bom. Não procure alguma coisa. No entanto, se não houver nada a elogiar, isso é ruim. Pense se você realmente quer manter pessoas quase inadequadas. Elas tendem a nivelar por baixo. Use a avaliação trimestral para lhes pedir que melhorem.

## Avaliação

Marque pelo menos 15 minutos antes para examinar suas anotações e entrar no clima correto.

Qual é o clima correto? Você está ali para ajudar. Trabalha para a equipe. Para servir à equipe, vai ajudar essa pessoa a ser o melhor colega possível. Vai comemorar seus pontos fortes! Vai ajudar com os pontos fracos. Você estará ao lado da pessoa.

Não vai castigá-la. Não vai lhe dar más notícias. Você é como um técnico de golfe ou tênis. A postura errada precisa ser corrigida. O comportamento inadequado não quer dizer que a pessoa é ruim. Ela só precisa de ajuda para notar e corrigir.

Mas, principalmente, você está lá para escutar. Não fique tão envolvido com o que tem a dizer que não consiga escutar a pessoa.

É preciso escutar para reagir de forma autêntica *e* adequada aos outros. Sua meta não é lhe dizer o que está certo ou errado, mas indicar problemas em sua contribuição à equipe, entender como ela vê a situação e convidá-la a encontrar soluções. A compreensão exige escuta.

Na primeira vez que fizer uma avaliação de desempenho como um técnico esportivo, talvez seja preciso dizer explicitamente que você está ali para ajudar. Sei que senti medo toda vez que fui a uma avaliação. Muitos gerentes acham que nessa ocasião é preciso ser duro, mesmo que esse não seja seu estilo natural. Ao dizer explicitamente que está lá para ajudar o subordinado a explorar seu potencial, você começa a construir confiança. Com o tempo, essa confiança será de mão dupla.

No fim da conversa, pergunte ao subordinado se tem algum conselho para você, sobre sua liderança ou estilo de feedback. Na primeira avaliação, provavelmente a pessoa não terá nada a dizer. Peça-lhe que pense nisso e que lhe diga na próxima. Com o tempo, a troca de ensinamentos vai virar um hábito. Você vai melhorar em seu serviço e ajudar a construir segurança psicológica também.

Por fim, documente tudo. A memória é falível.

# OS OKRs E A REVISÃO ANUAL

*Por Deidre Paknad, CEO da Workboard*

*A Workboard capacita e sustenta os OKRs, leva as metas ao foco do trabalho cotidiano e oferece transparência contínua em toda a organização.*

Em algum momento da década passada, as metas de negócios foram sequestradas e perderam seus poderes mágicos. Em nossa vida pessoal, elas são aspirações, motores de decisões importantes e fonte de propósito. Mas, no trabalho e, principalmente, nas grandes empresas, dois terços das pessoas acham que se tornaram quase irrelevantes para todos, menos para o processo de remuneração. Um dos mais potentes motivadores e fontes de satisfação foi neutralizado em muitas empresas grandes – removido da caixa de ferramentas que indivíduos e líderes têm de criar, tanto eles quanto suas equipes e sua empresa.

Quando são as avaliações de desempenho que promovem as metas, em vez de as metas promoverem o desempenho da empresa, as metas são criadas para as revisões anuais. Quando são escritas para garantir o resultado da remuneração dali a doze meses, as metas são necessariamente vagas, e o nível de realização é baixo. Conforme a velocidade dos negócios aumenta, as metas anuais se desconectam mais da realidade dos negócios e ficam mais diluídas. Embora isso aconteça principalmente nas grandes empresas, é preciso dizer que, em muitas empresas mais jovens, o CEO compartilha as metas só com a diretoria, não com a equipe. Seja como for, elas não ajudam as pessoas no dia a dia a tomarem boas decisões sobre seu tempo e esforço ou a chegar a um grande resultado.

## Como restaurar o poder mágico das metas?

Tudo começa com a reformulação das metas: de artefato para avaliar o desempenho a dispositivo que o inspira e amplia. Isso significa transformar o modelo, a cadência e a presença das metas dentro da empresa. Combine as metas inspiracionais do próximo período com métricas quantitativas agressivas e uma cadência de execução e cobrança semanais para obter grandes resultados rapidamente em vez de resultados menores e mais lentos. Essas não são metas administrativas à moda antiga; elas são dinâmicas, tangíveis e genuinamente inspiradoras todos os dias. Aproveitam o livre-arbítrio de nosso interesse em buscar grandes resultados, e sua cadência mais curta produz mais resultados e mais satisfação. A mágica está a cinco passos de distância:

## Use metas para definir e promover o sucesso

As metas funcionam quando são inspiradoras e aproveitam nossa intenção natural de grandeza. Eles deveriam descrever o que é uma grande vitória para todos os times e ser um ponto de união das pessoas em tempo real, não uma vez só. Quando são tangíveis, elas trazem propósito, o que melhora a contribuição de todos, além de oferecer um foco para a execução cotidiana. Ao definir metas e métricas claras de curto prazo, você define prioridades e dá às pessoas permissão para se concentrar nas atividades mais valiosas. (É comum os líderes superestimarem como as pessoas entendem suas metas – só 7% delas entendem de verdade!)

## Descarte o antigo modelo de metas e use um que amplie os resultados

Técnicas como Objetivos e Resultados-Chave (OKRs) ajudam as empresas a atingir o melhor resultado *possível* em vez do resultado mais *provável*. Esse método combina declarações ousadas e inspiracionais às métricas dos Resultados-Chave, que refletem resultados incríveis. Os OKRs levam a todos na empresa *clareza radical* sobre o que tentam atingir e onde aplicar seu tempo – eles trazem o desempate. Enquanto as abordagens tradicionais incentivam as pessoas a estabelecer um teto baixo de resultados, os OKRs amplificam os resultados porque removem o teto e se concentram no melhor resultado possível. Quando maximizar as possibilidades com os OKRs, desconecte-os das revisões de desempenho.

## Gerencie a realização em tempo real

As metas e os OKRs só são bons quando a execução é boa, e, com metas de curto prazo (como nas vendas), num trimestre com 12 semanas cada uma delas é importante. Conforme a velocidade dos negócios se acelera, os líderes não podem esperar pelas avaliações mensais ou trimestrais para descobrir que a equipe se distraiu, não superou obstáculos ou se perdeu. Com as metas em tempo real e a transparência contínua da execução, você pode ajudar as pessoas a se manterem focadas nas metas, prever resultados com facilidade e promover a responsabilização.

## Torne as metas tão presentes quanto o e-mail

Sua equipe deveria ser capaz de encontrar e ver o progresso de suas metas e daquelas da empresa em três segundos. É o tempo que leva para se concentrar na mensagem mais recente na caixa de entrada – a concorrência da meta por tempo e foco. Nossa pesquisa mostra que as pessoas com melhor desempenho começam o dia olhando as metas e, conscientemente, alinhando seu tempo às aspirações. Se quiser ser uma empresa focada em metas, facilite que *todos* se concentrem nelas todo dia.

## As metas devem fluir de cima para baixo e de baixo para cima

Hoje, a hierarquia pura raramente dá certo. As empresas que se concentram em equipes e liderança em todos os níveis são mais ágeis e bem-sucedidas. Nas grandes empresas, quando as metas só fluem de cima para baixo, perdem-se oportunidades – e talvez até mercados. As pessoas talentosas e as grandes ideias estão em toda parte da empresa. Permita que suas aspirações fluam e você será imbatível. No lugar de uma cascata descendente super-rígida que supõe que o chefe sabe tudo, convergir para as metas impede que a inovação seja sufocada *e* faz as estratégias mais amplas avançarem sem percalços.

## Como avaliar o desempenho e decidir quem recebe aumento e promoção?

Em vez de um só evento de revisão e desempenho, use conversas contínuas para treinar e calibrar. Tenha encontros individuais pelo menos duas vezes por mês e calibre três coisas: engajamento, desempenho e alinhamento. Usamos cinco níveis em cada um desses itens e recomendamos que o gerente e o funcionário deem sua opinião para que as lacunas da percepção sejam resolvidas rapidamente. No fim do ano, os funcionários terão tido 24 conversas, com oportunidades de melhora e reconhecimento. É mais autêntico, cria capacidade e promove o desempenho. As avaliações são simples porque os fatos são compartilhados, não há surpresas e é só mais uma numa série de conversas sobre desempenho.

# Acompanhar e avaliar os OKRs

Duas semanas antes do fim do trimestre, está na hora de avaliar seus OKRs e planejar o próximo ciclo. Afinal de contas, é bom já começar correndo no primeiro dia do segundo trimestre, certo?

Há dois sistemas comuns para gerenciar OKRs: a classificação e a nota de confiança. Cada um tem benefícios e pontos fracos. Comecemos com as notas de confiança, que são minha abordagem preferida. Elas são um sistema simples, mais adequado a startups e equipes menores ou equipes no começo da adoção dos OKRs. Quando decidir seu objetivo e os três KRs, estabeleça um número difícil que você tem 50% de confiança de atingir. Em geral, isso é anotado como uma nota 5/10 nos quatro quadrados da situação.

Na reunião de compromisso da segunda-feira, todos fazem seu relatório e dizem se o nível de confiança mudou. Isso não é ciência, é uma arte. Não é bom que seu pessoal perca tempo tentando rastrear todos os dados para dar uma resposta perfeita. A ideia é garantir que a direção do esforço esteja certa. Nas primeiras semanas dos OKRs, é difícil saber se você está avançando ou não rumo aos Resultados-Chave. Mas, em algum momento da terceira ou da quarta semana, fica muito claro se você está se aproximando ou se afastando. O líder de cada equipe (ou membro da equipe, numa empresa pequena) começará a ajustar a nota de confiança conforme ficar mais confiante.

Então, a nota de confiança começará a subir e descer loucamente, conforme surgirem progressos ou reveses. Finalmente, com cerca de dois meses, o nível de confiança se instala no resultado provável. A duas semanas do fim do trimestre, em geral já é possível avaliar os OKRs. Se as metas eram realmente difíceis, do tipo em que a probabilidade de atingir é de 50%, não há milagre que possa ocorrer nos últimos quinze dias para mudar o resultado. Quanto mais cedo o resultado for avaliado, mais cedo é possível planejar o trimestre seguinte e começar o próximo ciclo.

A vantagem dessa abordagem é dupla. Em primeiro lugar, a equipe não esquece os OKRs porque tem de atualizar constantemente o nível de confiança. Por ser a avaliação de um sentimento, determinar o nível de confiança é rápido e indolor, o que é fundamental para dar a uma empresa jovem o hábito de acompanhar o sucesso. A segunda vantagem é que essa abordagem provoca conversas importantes. Quando a confiança cai, outros líderes podem questionar por que isso está acontecendo e fazer um brainstorming para encontrar um jeito de corrigir a queda. Os OKRs são estabelecidos e compartilhados pela equipe; a dificuldade de qualquer membro da equipe é um perigo para a empresa toda. O líder deveria se sentir à vontade para levar a perda de confiança à equipe de líderes e saber que receberá ajuda.

Duas semanas antes do fim do trimestre, você marca sua confiança como dez ou zero. O sucesso é obter dois dos três Resultados-Chave. Esse estilo de nota duplica o esforço nas metas possíveis e abandona o esforço nas metas que claramente estão fora do alcance. O benefício é impedir que as pessoas percam tempo com o impossível e se concentrem no que pode ser feito. No entanto, o lado ruim é que alguns vão ser complacentes e estabelecer uma meta impossível, uma difícil e uma fácil. É papel do gerente ficar de olho nisso.

A segunda abordagem da avaliação dos OKRs é a classificação. O Google é o mais famoso a usar essa abordagem. No fim do trimestre, a equipe e os indivíduos dão nota aos resultados com os dados coletados. A nota 0,0 significa que o resultado foi um fracasso; 1,0 significa que o resultado foi um sucesso total. A maioria dos resultados deve ficar entre 0,6 e 0,7. Do ReWork, site oficial do Google para o uso de OKRs:

> O ponto perfeito dos OKRs é na faixa de 60%-70%. Notas mais baixas significam que a empresa não está conseguindo o que deveria. Notas mais altas indicam que as metas inspiracionais não são suficientemente altas. Com a escala de 0,0 a 1,0 do Google, a expectativa é obter uma média de 0,6 a 0,7 em todos os OKRs. Em empresas novas nos OKRs, essa tolerância ao "fracasso" nas metas desconfortáveis é, em si, desconfortável.

Ben Lamorte é um *coach* que ajuda empresas grandes a iniciarem e manterem seus projetos de OKR. Ele usa regularmente a abordagem da classificação, não a da confiança. No artigo "A Brief History of Scoring Objectives and Key Results",[1] ele escreve:

> Como *coach* de OKRs, vejo que a maioria das empresas que implementam um sistema de pontuação só chega aos Resultados-Chave no fim do trimestre ou em vários intervalos no decorrer do trimestre. No entanto, em geral elas não definem os critérios de pontuação como parte da

1. LAMORTE, Ben. A Brief History of Scoring Objectives and Key Results (OKRs). *LinkedIn*, 29 mar. 2006. Disponível em: https://www.linkedin.com/pulse/brief-history-scoring-objectives-key-results-okrs-ben-lamorte. Acesso em: 30 nov. 2022.

definição do Resultado-Chave. Se quiser usar um sistema de pontuação padronizado, os critérios de pontuação de cada Resultado-Chave TÊM de ser definidos como parte da criação do Resultado-Chave. Nesses casos, eu diria que o Resultado-Chave só está finalizado quando a equipe concorda com os critérios de pontuação. A conversa sobre o que faz um "0,3" ou um "0,7" também não é muito interessante, a não ser que o "0,3" e o "0,7" sejam traduzidos para o nosso idioma.

Cheguei às seguintes diretrizes que meus clientes acham muito úteis. Eis um exemplo que mostra o poder de definir com antecedência os critérios de pontuação de um Resultado-Chave.

**Resultado-Chave:** Lançar o novo produto ABC com dez usuários ativos até o fim do T3.

**Nota 0,3:** protótipo testado por 3 usuários internos.

**Nota 0,7:** protótipo testado e aprovado com data de lançamento no T4.

**Nota 1,0:** produto lançado com dez usuários ativos.

Isso obriga a conversar sobre o que é ambicionável e o que é realista. A equipe de engenharia pode voltar e dizer que até a nota 0,3 será difícil. Ter essas conversas antes de finalizar o Resultado-Chave garante que todos estejam no mesmo barco desde o começo.

Além da exatidão, o Google dá grande valor à transparência. Todos os OKRs, individuais e de equipe, são publicados na intranet e o progresso da equipe também é compartilhado o tempo todo. Mais uma vez, do ReWork:

OKRs organizacionais avaliados publicamente. No Google, os OKRs organizacionais são, tipicamente, compartilhados e avaliados anual e trimestralmente. No início do ano, há uma reunião da toda a empresa em que as notas dos OKRs anteriores são reveladas e os novos OKRs são divulgados, tanto para o ano quanto para o trimestre seguinte. Então, a empresa se reúne trimestralmente para revisar as notas e estabelecer novos OKRs. Nessas reuniões da empresa, o dono de cada OKR (em geral, o líder da equipe pertinente) explica a nota e os ajustes para o trimestre seguinte.

E o ReWork alerta para o perigo de estabelecer e esquecer:

> Verificações durante todo o trimestre. Antes de atribuir uma nota final, é útil ter uma verificação no meio do trimestre em todos os níveis de OKR para dar aos indivíduos e às equipes uma noção de onde estão. A verificação do fim do trimestre pode ser usada para se preparar antes da nota final.

Isso também é feito de forma diferente pelas equipes. Algumas fazem uma verificação intermediária, como as provas do meio do ano. Outras fazem verificações mensais. O Google sempre teve a abordagem de contratar pessoas inteligentes, dar a elas uma meta e deixá-las em paz para que a atinjam. Quando a empresa cresceu, os OKRs passaram a ser implementados de forma heterogênea, mas continuam a permitir a manutenção dessa filosofia.

Ben Lamorte também explica uma técnica simples para manter visível o progresso dos OKRs: os cartazes de progresso. Vários clientes seus puseram cartazes no corredor, atualizados regularmente com o progresso. Além de tornar os OKRs mais transparentes e visíveis para todas as equipes, isso também pode ser eficaz para transmitir as notas dos

Resultados-Chave e realmente criar mais responsabilização. Só não fica bom quando sua equipe não atualizou nenhuma nota e já se passou um mês do trimestre. A maioria desses cartazes inclui um espaço para atualizar a pontuação nas quatro a oito verificações planejadas no decorrer do trimestre. Sem dúvida, os cartazes de OKR não são para todas as empresas, mas em alguns casos podem ser muito eficazes.

Não importa se você usa as verificações de confiança ou a avaliação formal (ou uma combinação de ambos), eis um último conselho do ReWork que é importante não esquecer:

> Os OKRs não são sinônimos da avaliação de desempenho. Isso significa que os OKRs não são um meio abrangente de avaliar um indivíduo (ou uma empresa). Em vez disso, eles podem ser usados como um resumo do que o indivíduo fez no último período e mostrar contribuições e o impacto para os OKRs mais amplos da empresa.

Use as realizações de cada pessoa para determinar bônus e aumentos de salário. Se usar o sistema de relatório de status descrito neste livro, deve ser fácil para cada um revisar seu trabalho e redigir um breve resumo de suas realizações. Esse relatório pode guiar as conversas da revisão de desempenho. Algumas coisas não deveriam ser automatizadas, e a parte mais importante de ser gerente é ter conversas reais sobre a contribuição de cada funcionário. Ou sua falta.

Se recorrer aos resultados dos OKRs para guiar suas decisões, você incentivará a complacência e castigará os maiores sonhadores. Recompense o que as pessoas entregam, e não se sabem trabalhar com o sistema.

# Além da abordagem comum dos OKRs

No decorrer dos anos em que trabalhei com empresas, notei alguns padrões nos desafios enfrentados que exigiram uma abordagem diferente para estabelecer os OKRs. Com meus clientes, criei novos "sabores" de OKR para apoiar esse esforço, desde que ainda sejam baseados em resultados.

Algumas empresas tiveram dificuldade para estabelecer metas sem ter ideia do que estavam fazendo. Outras se perguntavam: quando vamos parar de examinar e começar a apostar numa direção estratégica? Muitas se atrapalharam com o horizonte de longo prazo do desenvolvimento, como as empresas financeiras ou de biotecnologia.

A seguir estão três tipos comuns de OKR que elaborei para ajudar as empresas no estágio inicial de desenvolvimento, no estado intermediário em que se valida a direção estratégica e, finalmente, antes de se comprometer com um esforço maior.

## OKRs exploratórios

Para as tentativas de ruptura, sejam de empreendedores externos ou internos, é difícil adotar os OKRs. A princípio, eles foram projetados para explorar – promover o desempenho de iniciativas já identificadas e de alto potencial –, e não para examinar possibilidades desconhecidas. Os OKRs exploratórios são bons em startups em estágio bem inicial ou times de inovação/P&D.

Os OKRs exploratórios foram um dos primeiros usos de OKRs em minha vida pessoal. Se você assistiu à minha palestra "The Executioner's Tale", já viu esse conjunto de OKRs.

**Objetivo:** Ter estabilidade financeira, conservar a saúde, fazer um trabalho de que eu goste.

**KR:** Ganhar 30 mil dólares em três meses fazendo o que eu faria mesmo que não me pagassem.

**KR:** Ter um orçamento controlável para prever despesas.

**KR:** Nenhum refluxo, nenhuma dor nas costas.

No conjunto de OKRs acima, vislumbro um estado final que quero ver, defino-o em termos quantitativos e depois faço várias experiências para tentar atingir esse estado de felicidade e saúde.

Tentei dar consultoria a startups, palestras pagas, *Clarity* (um serviço de conselhos por telefone) e aulas noturnas no General Assembly. Aprendi do que gostava, o que me mantinha saudável e o que me dava dinheiro suficiente para ter a vida que queria. Mandei meu esforço e o resultado por e-mail para meu *coach*, que me ajudou a entender aquilo tudo. Posso ligar diretamente minha vida atual em Stanford a esse conjunto de OKRs.

Nos primeiros dias da TeaBee, Hanna tenta convencer Jack a examinar os distribuidores de restaurantes como um possível mercado. Os OKRs exploratórios fariam isso ocorrer com mais suavidade.

Num ambiente de negócios, esses OKRs são uma boa abordagem quando você obtém uma nova tecnologia interessante e precisa encontrar mercado para ela (provavelmente, a maneira mais difícil de iniciar uma startup, na minha opinião). Por exemplo, digamos que você é um pesquisador e inventou um modo de desenhar rapidamente figuras em e-mails nos casos em que as palavras não são suficientes. Você inventou isso para resolver um problema seu: às vezes, fica frustrado tentando explicar suas ideias só com palavras e gostaria de fazer um desenho rápido "no guardanapo" para esclarecer. Mas quem mais tem esse problema? Você ama seu produto e quer descobrir quem mais o usaria.

Eis um exemplo de conjunto de OKRs para esse empreendedor. (Como sempre, uso "X" para representar a quantidade real. Obter essa quantidade exige muita discussão e pesquisa de mercado.)

**Objetivo:** O mercado não vive sem nossa ferramenta de desenho em e-mails.
**KR:** X pedidos prévios.
**KR:** três negócios B2B assinados.
**KR:** X usuários betas.

Tudo bem errar. Os números não precisam estar certos, pois você mal tem um palpite do que é preciso fazer para cumprir essas metas. Esse tipo de OKR atua mais como um norte. Faz você lembrar o que está tentando fazer e não o deixa esquecer de medir seu sucesso a cada semana. Os primeiros estágios do desenvolvimento são muito emocionais e é fácil demais sair atrás do próximo objeto brilhante.

No desenvolvimento de jogos, chamamos isso de "perambular no deserto". Em geral, a única meta de um jogo é a sempre fugidia "diversão". A luta é como fazer a diversão acontecer para pessoas suficientes e tornar o jogo digno de ser desenvolvido.

**Objetivo:** O mercado-alvo acha nosso jogo divertido.
**KR:** Os testadores recomendam fortemente a três amigos que testem o jogo.

**KR:** Nos testes, 80% dos jogadores zeram o jogo.

**KR:** 30% dos jogadores compram o jogo pelo "preço de pré-lançamento".

Estabelecer um conjunto de OKRs exploratórios garante que você se concentre na meta, quando é facílimo se empolgar por uma nova abordagem ou uma ótima ideia para o projeto sonoro. Os OKRs lembram que você faz isso pelo público e pela empresa, não só para provocar risadas.

Quando a TeaBee cresce e faz a rodada da série B, Hanna e Jack discutem como fazer a expansão. Jack ainda está apaixonado pelo varejo. Hanna resiste, porque o varejo é caro demais. Ela recua e sugere um serviço por assinatura. Raphael escuta a discussão e pergunta a Jack e Hanna o porquê de cada opção fazer sentido.

— Podemos criar uma experiência para os que tomam chá – diz Jack –, como Starbucks ou Philz! Podemos construir uma marca forte e aumentar a retenção e a receita!

— O varejo é caro e difícil – diz Hanna. As assinaturas são muito mais fáceis. Ainda podemos aumentar a fidelidade e a conscientização com uma grande experiência ao abrir a caixa, seguida por um chá excelente!

— Para mim, parece que vocês têm a mesma meta – diz Raphael. – Ter uma relação direta com os que tomam nosso chá. Já somos B2C há algum tempo. Vocês têm certeza?

— É claro – responde Hanna. – Agora, estamos à mercê dos distribuidores. Uma segunda linha de receita, principalmente uma que traga uma relação direta com os que tomam nosso chá, criará mais resiliência para a empresa.

Jack faz que sim. Então, os três criam seus OKRs exploratórios.

**Objetivo:** Dar um jeito de ter uma relação direta com os que tomam chá.
**KR:** Aumento de 7/10 de reconhecimento da marca TeaBee.
**KR:** Pedidos prévios de 5 mil dólares.
**KR:** Taxa de 12% de abertura de e-mails.

Agora eles podem fazer um brainstorming para encontrar outras maneiras de atingir a meta e parar de discutir suas teorias preferidas. No resto do trimestre, eles farão pequenas experiências multidisciplinares organizadas pela equipe em torno das várias táticas para chegar aos números que querem. Podem fazer uma pequena casa de chá temporária, podem criar uma campanha para as pessoas entrarem num serviço de assinaturas, podem entregar pessoalmente o chá para testar se a entrega funciona. É a abordagem da Startup Enxuta: vá aos poucos para reduzir o risco. Essa abordagem dos OKRs pode ajudar qualquer startup ou esforço interno de inovação em estágio inicial.

E se uma das ideias der certo? O que fazer?

## OKRs hipotéticos

Os OKRs exploratórios são bons para achar aquela primeira dica de encaixe Produto-Mercado. Usá-los pode levar a uma hipótese mais robusta de como atingir a elevada meta estratégica. Mas não mergulhe de primeira. Agora que escolhemos um bom candidato para a próxima grande realização, queremos testar se ela realmente será grande.

Os OKRs hipotéticos são úteis para obter os dados necessários para provar que você está no caminho certo ou se é melhor mudar de direção. No OKR hipotético, o Objetivo é uma hipótese sobre um estado de sucesso, e os Resultados--Chave são a métrica que provam que ela é verdadeira. Se atingir seus Resultados-Chave, você pode provar a si mesmo e aos investidores que há encaixe entre produto e mercado.

Funciona da seguinte forma: o Objetivo é sua proposta de valor. Deve incluir o mercado-alvo, por exemplo:

- Os contadores estão contentíssimos com nosso sistema de autoclassificação.
- Os designers não conseguem imaginar o projeto de interfaces sem nosso algoritmo de detecção de erros de usabilidade.
- Os gerentes de produto adoram as reuniões quando usam nosso software de pauta.

Os KRs são o modo como o mercado reagiria se a proposta de valor fosse verdadeira. Podem ser:

- Vendas/receita.
- Conversões de concorrentes.
- Disposição de recomendar seu software aos pares.
- Pré-pagamento na divulgação.

Tome cuidado com os "indicadores fracos", como NPS e assinatura de recebimento de e-mails. Ninguém mente com a carteira.

Sem tentar encaixar todo o "como fazer uma startup ter sucesso", eu diria que, se fez sua pesquisa de mercado e tem um palpite do tamanho de sua participação nesse mercado, você deve ser capaz de ter um palpite confiável de quais deveriam ser seus KRs. Mesmo que não consiga, quanto mais cedo começar a registrar as referências, mais cedo entenderá as métricas que o afetam. Treinar a previsão desenvolve a intuição sobre seu mercado.

**Exemplo:** A marca X passou de B2B para B2C.
**O:** Os clientes adotam nosso produto.
**KR:** X unidades vendidas (um número alto).
**KR:** X devoluções (um número baixo).
**KR:** número X de 4 a 5 estrelas no site de vendas Y.

No fim do trimestre, "fracassar" no cumprimento dos OKRs é uma boa coisa. Diz a você que o mercado não será viável ou que a promessa do produto era exagerada. Você analisa o resultado e toma a decisão de tentar de novo com outra estratégia ou de eliminar o produto.

No trimestre passado, a pequena equipe de inovação da TeaBee tentou várias abordagens. Contraintuitivamente, o serviço de assinaturas gerou pouquíssimo interesse. Hanna argumenta que levará mais tempo para fazer a divulgação. Mas os números da casa de chá foram surpreendentemente bons. Os executivos e a equipe de inovação se reúnem para discutir qual seria um sinal robusto de que poderiam se comprometer mais com essa ideia.

## OKRs hipotéticos da TeaBee

**Objetivo:** Criar uma experiência cativante de casa de chá independente.
**KR:** Lotação de 100% no horário do rush.

**KR:** 40 mil dólares em vendas para viagem.

**KR:** Nota 4 no Yelp.

A casa de chá temporária foi um grande sucesso, mas abrir lojas físicas tradicionais sai caro. E se só abríssemos uma? Com aluguel de curto prazo? Então levaremos o tempo necessário para provar que pode ser lucrativa ou descobrir que não é. Decidir eliminar um projeto (ou empresa) é uma escolha dificílima. Arrasa o moral e causa e-mails irritados dos clientes. Sem falar em todo o dinheiro que foi embora pelo ralo! Mas, se você for devagar e reduzir o risco pelo caminho, talvez se torne o próximo Starbucks.

## OKRs marcadores: marcos baseados em metas parciais

Quando se tem uma grande iniciativa, é preciso estabelecer OKRs marcadores, isto é, metas parciais que ajudarão você a saber se seus esforços estão na direção certa. Isso reduzirá o risco dos projetos que exigem vários trimestres. Com a iteração, você pode mudar de estratégia se algo não der certo.

As empresas de setores tradicionais costumam ter dificuldade com a cadência trimestral dos OKRs. Assim, inventei os OKRs marcadores para as iniciativas que duram mais do que alguns trimestres. Tive a ideia quando trabalhei com um dono de restaurante mexicano que estava se expandindo da Inglaterra para a Suíça. Ele disse que tinha coisas que "simplesmente precisava fazer", como encontrar o local, tirar a licença, contratar pessoal. Como os OKRs poderiam ajudar?

— Qualquer lugar serve? – perguntei.

— Não – respondeu ele. – É preciso ter o zoneamento correto, tráfego suficiente de pedestres, estacionamento, acesso por transporte público – etc., etc.

Criamos o OKR marcador para o T2: "Estar pronto para um teste bem-sucedido de pré-inauguração". Os KRs eram sobre qualidade do local, qualidade do pessoal contratado etc. Assim, ele ainda poderia tentar diversas coisas para chegar a um marco mensurável de sucesso da inauguração e criar outro marco sobre a próxima filial da cadeia.

Desde então, isso tem funcionado bem para P&D, biotecnologia, finanças e outras empresas com ciclo de desenvolvimento mais longo. Um ano é tempo demais para aguardar pelos resultados. Por isso os marcos existem: para dar clareza sobre o que está sendo feito, para que fim e o que é entendido por sucesso nesse contexto. Esses OKRs marcadores nunca tratam do que faremos, mas sempre do que seremos. O Objetivo provavelmente não mudará muito; em geral, poderá ser parecido com "Entregar esse novo item".

Os Resultados-Chave são as métricas que você quer atingir, senão pode ser que precise abandonar a iniciativa.

Eis uma lista de marcos tradicionais, seguidos por Resultados-Chave marcadores:

**Marco:** Construir o protótipo da nova máscara leve de CPAP.
**KR marcador:** O protótipo da nova máscara leve de CPAP produz sono melhor em oito de cada dez testadores.

**Marco:** Terminar o esboço da estratégia do ano seguinte.
**KR marcador:** Esboço da estratégia aprovado pela diretoria (acredite, é uma meta difícil).

**Marco:** Terminar o banco de dados do novo acompanhamento de garantia de qualidade (tarefa marcadora para uma nova ferramenta de acompanhamento de garantia de qualidade).

**KR marcador:** Banco de dados do novo acompanhamento de garantia de qualidade aprovado por interessados e especialistas no assunto.

Para pensar nisso como metas parciais e não como resultados, dou permissão para chamá-los de MOKRS (*Milestone Objectives and Key Results*; em português, Objetivos e Resultados-Chave marcadores). Isso deve animar algumas reuniões.

A seguir, veja como seriam os da TeaBee. Vamos usar o formato "4O e 4KR".

**Objetivo anual:** Deslumbrar os fãs da TeaBee com a experiência de consumo de chá na loja.

**OKR T1:** A pesquisa indica uma forte posição no mercado.

**KR:** Identificado um mercado de 20 milhões por ano.

**KR:** 3% de nossos clientes em restaurantes compram cartões-presente antecipados com desconto para quando abrirmos.

**KR:** A margem das porções é viável, de pelo menos 2%.

## *Pipeline*

- Obter os números do Starbucks local.
- Pesquisa para amostras grátis?
- Análise de custo?
- Mais experiências de lojas temporárias.

**Objetivo T2:** A loja temporária piloto é adorada.

(Obviamente, isso pode ser alterado se os OKRs do T1 não forem atingidos de forma suficiente.)

**Objetivo T3:** A loja está pronta para uma inauguração de sucesso.
**Objetivo T4:** Primeira loja inaugurada.

Essa é a diferença entre fazer uma coisa e fazer uma coisa com eficácia. Para descobrir quais deveriam ser seus Resultados-Chave, pergunte-se: o que aconteceria se atingíssemos esse marco da melhor forma possível? Que sinais externos indicariam que fomos bem?

Nada é mais inebriante do que uma equipe que causa impacto real e mensurável no mundo.

## Os OKRs são sempre sobre resultados

Não importa o que você tente fazer e como tenta fazer, os OKRs existem para ajudar a fazer bem-feito. Você pode estar apenas começando uma iniciativa com uma ideia vaga, do tipo "Será que vale a pena criar uma editora cooperativa para publicar livros sobre ideias esquisitas com mercado pequeno?" Pode ir um pouco além, como "conheço uns caras com essas ideias de livros e todos têm um bom número de seguidores, mas isso bastaria para ganhar a vida?" Ou pode estar pronto para se comprometer com algo imenso, mas é assustador arriscar um ano ou mais num palpite (validado): "Quero criar um grupo editorial que seja sustentável e influente".

Você quer que seu trabalho cause impacto. Não faça uma lista de afazeres, não construa um quadro kanban cheio de tarefas... ainda. Decida que impacto quer causar e, depois, trabalhe nessa direção, medindo tudo pelo caminho. Só então você saberá quando está na hora de mudar de direção, quando está na hora de desistir e quando está na hora de dobrar a aposta. Use o feedback do mundo real para fazer uma diferença real.

Não faça só coisas. Cause impacto.

## Usar OKRs para aumentar a aprendizagem da organização

Os OKRs, quando aplicados com a abordagem que desenvolvi, são pensados para criar aprendizado mais depressa na organização. Para explicar o porquê, vou lhe dar só um fiapinho da teoria da aprendizagem de John Dewey. Juro que não dói.

Há pelo menos três maneiras de aprender, que vou chamar de instrução, ação e reflexão. As três são importantes, mas a mais importante é a menos praticada: a reflexão.

### Instrução

É na instrução que pensamos quando se fala em ensino. Os líderes da organização contratam alguém de fora para fazer uma palestra ou uma série de palestras sobre um tema. A Udacity dá palestras on-line. Ou então você compra um livro sobre o tema! Instrução é quando alguém fica na sua frente e fala com você. Embora tenha sua utilidade, a instrução é de longe a abordagem mais fraca da educação.

### Ação

A segunda abordagem educacional é a ação: aprender fazendo. Você deve conhecer esse estilo desde a escola, pois os professores pediam pesquisas e redações. A ação é inerentemente poderosa, pois permite criar uma relação pessoal com o conhecimento e aprender habilidades práticas. Os cirurgiões cardíacos e os pilotos passam por centenas de horas sob supervisão antes de serem considerados qualificados exatamente por essa razão: em geral, o conhecimento presente nos livros não basta. As habilidades obtidas quando se aprende pela ação são mais profundas e perduram mais do que o conhecimento obtido pela instrução.

## Reflexão

Quase todo mundo negligencia a última parte da aprendizagem: a reflexão. Para aprender com a experiência, é preciso refletir sobre o que aconteceu e o que tudo significou. Na educação, isso assume a forma de redações, discussões e sessões de perguntas e respostas (e mais, se você tiver um bom professor).

Na metodologia da Startup Enxuta, a aprendizagem também está embutida. Você cria hipóteses que depois pode testar, refletir e aprender de maneira acelerada. Se fizer seus OKRs na cadência trimestral, com as verificações semanais e as avaliações trimestrais, você aproveita o mesmo tipo de reflexão. Seus OKRs criam a meta, e as prioridades – ou lista de tarefas, ou roadmap – que você estabelece para chegar à meta são apenas hipóteses. Você testa essas hipóteses toda semana. Então, nas verificações de sexta-feira, você reflete sobre o que suas ações lhe ensinaram e corrige o curso para a semana seguinte. A reflexão dá foco e conduz o aprendizado prático pela ação. Suas hipóteses melhoram e você atinge mais metas.

Também reserve tempo para a reflexão no fim do trimestre. Pare para codificar o aprendizado de seus OKRs nos últimos três meses e dê uma nota ao esforço que fez. Essa nota não é sobre ser aprovado ou reprovado. Ao contrário, o valor da nota está em manter as conversas francas enquanto dá as notas. "Por que não conseguimos? Por que conseguimos? O que aprendemos? Onde estamos sendo complacentes? Onde estamos crescendo?"

Aqueles que não desaceleram para aprender com seus erros estão condenados a repeti-los.

## Aprendizado social na escala da empresa

Quando falamos em equipes, costumamos vê-las como entidades isoladas e supomos que o aprendizado que criam só existe dentro delas. A verdade é que, nas empresas, ninguém está numa única equipe. Raphael, chefe da engenharia, pertence à equipe executiva, à equipe de engenharia e à equipe de projeto que planeja rearquitetar o principal banco de dados da empresa. Numa empresa grande, pode haver dezenas ou centenas de equipes sobrepostas: equipes executivas, equipes de design, equipes de vendas e equipes formadas para um único projeto. A empresa de chá de Hanna e Jack é uma equipe formada por designers, vendedores, administradores etc. Até uma pequena startup é uma equipe de equipes. Quando elas crescem, também cresce a rede de equipes.

Quando uma pessoa tem conexões com outras equipes, poderá levar para o seu time essas experiências. Raphael vê o processo dos OKRs em várias equipes e aprende com as reflexões de cada uma. Então, ele defende a aplicação de uma boa ideia da equipe de projeto à engenharia como um todo, ou que uma ideia executiva seja experimentada em pequena escala em uma equipe de amostra de seu departamento. Toda equipe de crescimento e aprendizado rápido que já vi compartilha o que aprende. Numa organização saudável, todos são evangelizadores.

Quando sua empresa ficar grande demais para todos comparecerem às sessões de celebração de conquistas das sextas-feiras, talvez seja bom acrescentar alguns estímulos formais para aprendizagem entre equipes. Em geral, as empresas que aprendem depressa têm eventos em que várias equipes se apresentam a quem comparecer (e, se houver comida grátis, as pessoas compareçam).* Alguém pode contar como atingiu um Resultado-Chave complicado. Outro pode se empolgar com um novo insight do mercado. Outros podem dar dicas para sequenciar um pipeline baseado em esforço, impacto e confiança. Finalmente, todos ficam muito bons em observar para aprender e falar a outros sobre o que deu certo. A aprendizagem entre equipes é embutida na cadência da semana.

O e-mail sobre o status das sextas-feiras também aumenta a aprendizagem entre equipes de duas maneiras importantes. Primeiro, os e-mails curtíssimos enviados a todos (ou disponíveis em lugar público, como um canal do Slack) serão lidos. Quer saber o que as equipes de aquisição estão fazendo? Leia o e-mail sobre o status. Leva 30 segundos e você fica sabendo se está na hora de fazer uma visita a elas. Depois, a

---

* Nota da Editora: Um exemplo desses eventos é o *Lunch-and-Learn*, no qual a empresa promove um encontro que une a aprendizagem ao momento de refeição coletiva.

única pessoa que tem de ler – o chefe – sabe quem encontrou uma ideia útil e pode incentivar essa pessoa a contar na sessão de celebração de conquistas das sextas-feiras ou num evento como o *lunch-and-learn*.

Todos fazem circular o que dá certo e aprendem com o que não dá. Os fracassos se tornam tema de conversa e aprendizado com outras pessoas.

Aprender se torna algo que a empresa faz em conjunto.

## Os OKRs existem para a aprendizagem organizacional

Vamos ver outro exemplo com base na equipe de *OKR: Foco Total nos Resultados*. Talvez Jack perceba dois distribuidores para restaurantes que, para ele, parecem iguais, só que um assinou com a TeaBee, o outro, não. Na reunião da reflexão da equipe sobre os OKRs, ele pode pedir que todos discutam por que os distribuidores são diferentes. "Se resolvermos esse mistério, podemos ajudar a empresa a encontrar as pessoas que comprarão", diz Jack.

A equipe faz um brainstorming de possibilidades. Depois de 20 minutos de discussão, Hanna nota que um distribuidor só vende a restaurantes baratos. Ela sugere que talvez prefiram chá em saquinhos, não em folhas. Todos adoram a ideia e, de repente, a empresa toda parte em uma nova direção e estuda como atrair os clientes de chá em folhas e deixar para lá os que querem saquinhos. Ou talvez criem uma nova linha de produtos. Como testar a hipótese? E o que isso significa para o marketing? Para a embalagem? Para o design do site? De repente, de uma discussão, surge toda uma série de hipóteses para testar.

Cada observação resulta numa hipótese que, então, tem de ser validada como verdadeira ou falsa. Quando validadas, as ideias são compartilhadas. Isso se torna a sabedoria da empresa. A partir daí, cada equipe e cada departamento cria uma hipótese de como aplicar essa ideia à sua própria equipe. Por exemplo, o que mais os restaurantes mais baratos querem e como isso afeta os distribuidores? A TeaBee deveria direcionar seu material de marketing a cada um? Talvez criar uma segunda marca? Cada aprendizado que obtemos com a reflexão é uma pista que ajuda a resolver o mistério maior de como fazer a empresa ter sucesso.

Nem toda aprendizagem é sobre clientes e produtos. Às vezes, você aprende a aprender. Às vezes, as equipes testam maneiras de trabalhar juntas e aprendem o que ajuda ou não a empresa a avançar.

A cadência dos OKRs traz novas ideias por meio de conscientização, experimentação, conversa e reflexão. Quando vivemos essa cadência, aprendemos e aplicamos esse aprendizado. Desaceleramos, pensamos e pomos em prática esse pensamento para aprender em nível ainda mais profundo. Com ação e reflexão, construímos um conhecimento prático e significativo do mercado.

Os OKRs foram feitos para aprender.

## Adaptar-se à mudança num mercado que muda

Como já disse, a vantagem (e o ativo) mais importante da empresa é a rapidez do aprendizado. O ritmo de mudança do mercado só cresce. Todos, do atendimento ao cliente aos redatores técnicos e à pessoa que faz a arte dos *banners*, precisam estar aprendendo, em nível individual e empresarial, para ter sucesso no ritmo de que estamos falando. No século XXI, ser os dentes de uma engrenagem não tem mais serventia. Precisamos aprender e aprender a nos adaptar.

Viver seus OKRs na cadência que descrevi aumentará a aprendizagem. Claro, os OKRs ajudam a estabelecer boas metas, mas a metodologia faz mais do que isso. Com Foco Total, você assume um compromisso social com os Objetivos e os Resultados-Chave. Você avança rumo a eles intencionalmente, dividindo o que tentou e refletindo em grupo sobre como funcionou, e corrige o rumo em consequência dessa reflexão. O aprendizado se acumula no processo. Impulsiona a aprendizagem e, portanto, impulsiona seu crescimento como empresa.

Estabelecer metas definidas por métricas, mesmo que você as chame de OKRs, não basta. Os OKRs sem foco e sem a cadência da aprendizagem se tornam um exercício de atingir números. Pode soar bem, mas traz consequências infelizes. Quando se julga o sucesso das pessoas por números crus, sem conversa e sem contexto, acaba-se com vários tipos de "macetes" – as pessoas trapaceiam para atingir os números porque a aposta é alta e o fracasso não é aceitável. Nessas circunstâncias, ninguém fica mais inteligente. Todos estão apenas enchendo um balão que vai estourar em algum momento. Ao enfatizar a aprendizagem, você pode errar mais e erra mais publicamente. E essa é a questão! Por se dispor a errar e depois conversar sobre o erro, você vai aprender. Estará fornecendo valor real a seu mercado e crescendo depressa, enquanto a concorrência fica sentada se preocupando em trapacear para atingir os números.

Os OKRs ajudam você a se adaptar. Ninguém entende de verdade o que virá amanhã. Os OKRs permitem que você se oriente num mundo mutável com confiança no caminho. Esse processo aproveita uma das forças mais poderosas da história: a capacidade humana de aprender. Ela constrói conhecimento, mantém a agilidade e permite se adaptar a quase qualquer coisa.

# DÊ NOTA A SEUS OKRs. VALE A PENA.

*Participação especial de Magdalena Pire Schmidt,*
*coach de administração e treinadora de OKRs*

Tenho visto equipes criarem com entusiasmo seu primeiro conjunto de OKRs. No entanto, na hora de dar nota, é como arrancar um dente. Mais sobre isso adiante. Comecemos a ver por que você deveria dar notas a seus OKRs e como fazer isso.

Dar notas aos OKRs tem duas etapas:

**1. Dê a cada Resultado-Chave uma nota de 0 a 1.**
**2. Obtenha a nota do Objetivo a partir da média dos Resultados-Chave.**

**É fácil. Veja um exemplo de OKR com nota:**

**Objetivo:** Livrar-se do atraso no atendimento ao cliente. [0,22][1]

- **KR:** Reduzir o tempo médio de resposta de 7 para 3 dias. [0,5] Obs.: A média é de cinco dias.
- **KR:** Manter a satisfação do cliente em 85%. [0,17] Obs.: A satisfação do cliente se manteve em 2 das 12 semanas. A satisfação média semanal foi de 69%.[2]

---

1. Os Resultados-Chave receberam o mesmo peso na média. Sempre haverá alguns Resultados-Chave mais difíceis do que os outros, e a equipe pode ficar tentada a lhes dar mais peso. Tirar a média ponderada dos Resultados-Chave acrescenta uma complexidade desnecessária. A meta não é uma "nota" ponderada. A meta é saber exatamente em que ponto você está para decidir o que fazer depois.

2. Dei nota a "manter a satisfação semanal do cliente em 85%" com base no número de semanas (2/12). Também há a opção de dar a nota 0,81 com base na satisfação semanal do cliente (69/85). Isso é generoso demais e poderia levar a equipe a "atingir" o OKR, mas com uma satisfação do cliente baixíssima. Quando houver ambiguidade, escolha a nota que reflita melhor o sucesso.

- **KR:** Reduzir o custo por solicitação de 3 para 2,70 dólares. [0] Obs.: O custo aumentou para 3,10 dólares.

## É importante dar notas em números

As notas numéricas dos OKRs são fundamentais para o processo. Elas ajudam a:

1. Melhorar a qualidade dos Resultados-Chave. Os Resultados-Chave de alta qualidade são mensuráveis e não são ambíguos. Se, no meio do trimestre, você perceber que tem de dar explicações prolongadas das notas, provavelmente o Resultado-Chave não era mensurável como deveria. Mesmo para praticantes experientes, escrever Resultados-Chave mensuráveis e significativos exige vários esboços. Perguntar "somos capazes de medir isso no fim do trimestre?" auxilia o processo.

2. Encarar a realidade. Os números conseguem trazer a realidade para o centro da conversa. Isso não quer dizer que a nota baixa seja sempre uma má notícia. Há muitas razões para notas baixas (por exemplo, o Resultado-Chave não foi priorizado, percebemos que estávamos acompanhando a métrica errada, as iniciativas não deram certo, mas permitiram um aprendizado valioso etc.). Quando contamos com a realidade, podemos decidir como prosseguir: o que precisa mudar para termos mais progresso? Isso não foi conseguido porque não era tão importante assim? Precisa de mais atenção? Não é bom fazer essas perguntas só no fim do trimestre. Recomendo enfaticamente que as notas numéricas sejam dadas aos OKRs no meio do trimestre.

Crie um momento para calcular e depois identifique em que se concentrar e o que abandonar nas próximas seis semanas. Dê novas notas no fim do trimestre.

### Dê notas aos resultados reais

Tanto quanto possível, limite-se a dar notas a *resultados*. Os OKRs são uma metodologia poderosa exatamente porque a execução se baseia em resultados, não em planos ou iniciativas. Quantos já comemoraram o início de um novo projeto só para, mais tarde, perceber que não deu certo? Com certeza, eu já. Basear-se em resultados reais torna as equipes mais inovadoras e as ajuda a mudar de direção e experimentar.

Dito isso, há diversas práticas para dar notas:

| Práticas | Dar nota à confiança | Dar nota aos marcos | Dar nota aos resultados (recomendado) |
|---|---|---|---|
| O quê | Avalia se o(s) projeto(s) estão ou não a caminho de chegar ao resultado. | Permite saber até onde se completou a iniciativa necessária. | Permite conhecer os resultados obtidos até agora. |
| Prós | Representa visualmente o progresso obtido, mesmo que ainda não se vejam os resultados. Pode ser motivador, principalmente em iniciativas que só mostrarão resultado no fim do trimestre. | | Estado de coisas claro e transparente. Incentiva os KRs baseados em métricas. Incentiva a equipe a ver os resultados antes do fim do trimestre. |

| Contras | Há o risco de que a equipe cumpra a iniciativa sem ver o resultado esperado. Há o risco de se tornar um processo da gestão de projetos. | Pode ser desanimador se a nota não refletir o volume de esforço investido. |
|---|---|---|

A interpretação da nota muda dependendo da prática adotada. Vejamos um Resultado-Chave de nosso exemplo: *Reduzir o tempo médio de resposta de 7 para 3 dias. [0,5]*

**Dar nota à confiança:** 0,5 indica que temos 50% de probabilidade de chegar à meta de três dias. Observe que isso não diz nada sobre o tempo médio de resposta atual.

**Dar nota aos marcos:** 0,5 indica que metade do trabalho necessário para baixar o tempo de resposta foi feito. Talvez uma nova equipe tenha sido contratada e treinada, mas ainda não atacou o atraso acumulado.

**Dar nota aos resultados:** 0,5 indica que a média é de cinco dias.

## Agora vamos falar sobre nossos sentimentos

Por que existe essa hesitação em realmente dar notas aos OKRs no decorrer do trimestre? Evitamos porque isso exige esforço e temos medo de más notícias. De acordo com a pesquisadora Heidi Grant-Halvorson, a falta de automonitoramento é um dos principais sabotadores das metas. A equipe pode ficar muito preocupada com notas baixas caso acredite que essa nota baixa vai repercutir na avaliação de desempenho. É fundamental que a gerência separe os OKRs das avaliações de desempenho (tópico para outro artigo). Se a equipe vem de uma tradição de usar o cumprimento dos objetivos para avaliar o desempenho, talvez sejam necessários alguns ciclos de OKRs para deixar as pessoas mais à vontade com as notas baixas.

O bom é que, ao adquirem o hábito de dar nota aos OKRs, as equipes aprendem a apreciar a clareza e a forma de trabalhar, desenvolvidas ao saber em que ponto estão.

## Como avaliar as notas no fim do trimestre

Dar notas no decorrer do trimestre é mais importante do que obter a nota final. Se fizer isso direito, no último mês do trimestre a equipe terá uma ideia do ponto em que está. Será capaz de começar a esboçar os OKRs do trimestre seguinte antes do fim do mês.

Dito isso, acho importantíssimo calcular a nota final. É uma boa oportunidade de refletir, reunir aprendizados e incorporá-los ao ciclo seguinte.

Depois de avaliar cada Resultado-Chave e obter a nota do Objetivo, eis um guia para interpretar a nota final:

**Nota 0,7 a 1,0:** Atingido / Verde.
**Nota 0,31 a 0,69:** Parcialmente atingido / Amarelo.
**Nota 0 a 0,3:** Não atingido / Vermelho.

Essa interpretação da nota incentiva os OKRs ambiciosos por considerar qualquer coisa acima de 0,7 como atingido e qualquer coisa acima de 0,3 como progresso.

Nesse tom, é útil distinguir os OKRs difíceis dos comprometidos ao interpretar a nota final. Os OKRs comprometidos são aqueles que a equipe concorda que sejam factíveis e prioritários. Nos OKRs comprometidos, só a nota 1,0 diz que foram atingidos.[3]

Em geral, quando vejo uma equipe que constantemente obtém notas acima de 0,7, a bandeira vermelha sobe. A equipe pode estar sendo complacente e só trabalhar com OKRs factíveis. Nesse caso, incentivo as equipes a serem mais ambiciosas.

## Depois do número, vem a narrativa

Dar nota a seus OKRs é um passo fundamental para quando for avaliar se o que você está fazendo vem dando certo. Mas os números são só um guia, não a avaliação final.

Primeiro, há muita subjetividade nesse processo. A nota 1,0 pouco significa num Resultado-Chave superficial, e a nota 0,1 pode representar um impacto significativo num Resultado-Chave ambicioso. Voltemos ao exemplo acima. A nota do objetivo é 0,22. Mas, quando o examinamos, eu diria que a equipe causou um bom impacto. O tempo de resposta foi bastante reduzido e o custo quase não aumentou. A qualidade sofreu, mas, em geral, o grupo está no caminho certo e sabe em que se concentrar em seguida.

---

3. Como disse, para mim, ter dois tipos de OKR não é uma boa ideia. Complica o que as pessoas têm de manter na memória de trabalho e permite que sua equipe produza "como sempre". Desde que não haja incentivos financeiros que mascarem seus OKRs, fazer os OKRs corretamente deveria bastar: todos são metas difíceis. Gentilmente difíceis, mas difíceis.

Em segundo lugar, muitas coisas não representadas nos OKRs acontecem na equipe (todos os eventos comuns nos negócios, com membros que entram e saem, dificuldades que surgem etc.).

No fim do trimestre, reflita sobre o todo: a nota dos OKRs, o que é comum nos negócios e os KPIs, eventos da equipe, novos desafios e oportunidades do trimestre anterior. No Google, eu tinha um documento em andamento onde, uma vez por trimestre, eu escrevia alguns itens em cada uma das seguintes seções:

- **Destaques:** grandes resultados nos projetos e na parte comum dos negócios.
- **Trabalho de base:** áreas em que fizemos progresso, investimos muito esforço, mas ainda não vimos resultados.
- **Ponto baixo:** áreas em que não fizemos progresso ou novos desafios que surgiram.

Em lugar nenhum desse documento eu mencionava a nota do OKR. A equipe pode vê-la. Ela configura a narrativa e nossa compreensão, mas ninguém se recorda de notas. A conversa útil era: qual foi nosso impacto e aonde vamos agora?

## Uma observação sobre o software de OKR

Quando você toma uma decisão, qual é a primeira coisa que faz? Quer emagrecer? Você compra uma esteira ergométrica cara. Quer começar a correr? Compra tênis extravagantes. E, quando planeja fazer dieta, você compra a melhor balança do mercado. Ou talvez só compre 15 livros sobre dieta. Infelizmente, a adoção dos OKRs é tratada da mesma maneira. As pessoas compram um software e esperam que ele faça o trabalho duro de estabelecer e gerenciar suas metas.

Há uma tonelada de ferramentas para OKRs por aí, e muitas são bastante boas. Contudo, comprar uma ferramenta tem de ser o último passo, não o primeiro. O jeito certo de adotar os OKRs é adotá-los com leveza e, depois, experimentar várias abordagens até achar o sistema que dê resultados.

Comece com as seguintes ferramentas:

- Um quadro branco para escrever as ideias de Objetivos.
- Post-its para o brainstorming de bons KRs.
- PowerPoint para acompanhar a confiança e o esforço rumo aos Objetivos.
- E-mail para enviar as mensagens sobre o status.
- Excel, se você decidir que quer fazer um sistema formal de notas. (O Google oferece uma ferramenta de classificação no site ReWork; veja em: https://rework. withgoogle.com/.)

Vá às compras só no primeiro trimestre em que sentir que realmente dominou os OKRs.

## Simples, mas difícil

Quando descrevo os OKRs, digo que são simples, mas difíceis. É um pouco como o conselho "coma menos e pratique exercícios". É claro que funciona, mas quem consegue? Quem realmente quer emagrecer. É o mesmo se você quiser que sua empresa tenha sucesso.

Para ser bem-sucedido, é preciso se concentrar no que é importante. É preciso dizer muitos "nãos". É preciso verificar as coisas com sua equipe e cobrar as promessas. É preciso discutir se suas táticas estão funcionando ou não e admitir quando não estiverem.

Não há muita complexidade nos OKRs, mas para serem bem-feitos eles exigem certa disciplina. Os OKRs talvez não sejam a solução para sua empresa... ainda. *Ainda* é uma palavra importante.

Em seu TEDx Talk,[4] Carol Dweck disse sobre a mentalidade de crescimento:

> Ouvi falar de uma escola de ensino médio em Chicago onde os alunos precisavam passar em um determinado número de matérias para se formar e, se não passassem em alguma, eles recebiam a nota "Ainda não". E eu achei aquilo fantástico, porque, quando você recebe uma nota

---

4. DWECK, Carol. O poder de acreditar que se pode melhorar. *TEDxNorrkoping*, dez. 2014. Disponível em: https://www.ted.com/talks/carol_dweck_the_power_of_believing_that_you_can_improve/transcript?subtitle=pt-br. Acesso em: 30 nov. 2022.

baixa, você pensa: "Não sirvo para nada, não chegarei a lugar algum". Mas, se recebe uma nota "Ainda não", você entende que está numa curva de aprendizagem. Ela te dá um caminho para o futuro.

Enquanto luta para trabalhar com os OKRs (ou fazer dieta), você terá de experimentar, encontrar novas maneiras de fazer os rituais, aprender em que você é bom ou ruim. Tudo bem se não redigir um Objetivo muito inspirador em um trimestre ou se um de seus Resultados-Chave for uma tarefa. Persevere. Você vai melhorar.

E, quando estiver cansado e desapontado, diga a si mesmo: "Ainda não". Seguido por: "Em breve".

# CRÉDITO A QUEM MERECE

No decorrer de minha pesquisa, passei algum tempo conversando com Rick Klau, que propôs os OKRs no Google Ventures. A implementação dos OKRs no Google é bem diferente do que recomendo aqui e vale a pena explorar o vídeo e o material que ele compartilha. Em minha experiência pessoal, a abordagem que mostro aqui é eficaz tanto em startups quanto em empresas maiores. Mas cada equipe é diferente, e você deve se sentir à vontade para experimentá-la e repeti-la.

O livro *Avalie o que importa* foi lançado alguns anos depois que escrevi *OKR: Foco Total nos Resultados*. Ao lê-lo, você verá que algumas táticas que recomendo aqui são refutadas. Não sou sua chefe, e você pode fazer o que lhe parecer mais sensato. Mas, se tiver dificuldade com as táticas apresentadas por John Doerr, pense em retornar à abordagem que propus aqui.

Quero agradecer especialmente a Cathy Yardley, que me ajudou a escrever como se fosse uma autora de ficção. Além disso, estas pessoas ótimas foram leitores beta e me deram um *monte* de conselhos e ideias para melhorar este livro:

Magdalena Pire Schmidt, James Cham, David Shen, Laura Klein, Richard Dalton, Abby Covert, Dan Klyn, Scott Baldwin, Angus Edwardson, Irene Au, Scott Berkun, Jorge Arango, Francis Rowland, Sandra Kogan, A. J. Kandy, Jeff Atwood, Adam Connor, Charles Brewer, Samantha Soma, Austin Govella, Allison Cooper, Ed Lewis, Brad Dickason, Pamela Drouin, David Holl, Stacy-Marie Ishmael, Kim Forthofer, Derek Featherston, Jason Aiderman, Ammneh

Azeim, Adam Polansky, Joe Sohkol, Brandy Porter, Bethany Stole, Susan Mercer, Kevin Hoffman, Francis Storr, Leonard Burton, Elizabeth Buie, Dave Malouf, Josh Porter, Klaus Kaasgaard, Evan Litvak, Katy Law, Erin Malone, Justin Ponczek, Erin Hoffman, Elizabeth Ibarra, Harry Max, Tanya Siadneva, Casey Kawahara, Jack Kolokus, Maria Leticia Saramentos-Santos, Hannah Kim, Brittany Metz, Laura Deel, Kelly Fadem, Francis Nakagawa, An Nguyen, as 300 pessoas que responderam ao meu e-mail pedindo histórias sobre a implementação dos OKRs e você, a pessoa que esqueci de citar: você foi a pessoa mais prestativa de todas e pode brigar comigo na próxima vez em que nos encontrarmos.

Queridíssimos leitores, por favor, me escrevam e me digam o que aprenderam! E ajudem-me a tornar ainda melhor a próxima versão deste livro.

Visite cwodtke.com para receber atualizações e saber mais.

# SOBRE A AUTORA

Formadora de opinião do Vale do Silício, Christina é um "ser humano curioso" com um baita currículo. Seu trabalho passado inclui redesigns e ofertas públicas iniciais em LinkedIn, MySpace, Zynga, Yahoo! e outras empresas, além de abrir três startups, uma revista de design on-line chamada *Boxes and Arrow* e estar entre os fundadores do Information Architecture Institute. Atualmente, ela é professora da Universidade de Stanford, no grupo HCI do Departamento de Ciência da Computação.

Christina dá aulas no mundo inteiro sobre a interseção entre inovação humana e equipes de alto desempenho. Usa o poder das histórias para se conectar com o público e os leitores, tanto em aulas quanto em seus livros, que estão entre os mais vendidos da Amazon. O trabalho de Christina é atraente, inspirador, embasado e envolvente.

Entre seus livros, estão *Architecture: Blueprints for the Web*, *Pencil Me In* e *The Team that Managed Itself*.

Para entrar em contato com Christina ou obter mais informações para criar uma equipe de mente aberta e alto desempenho, visite cwodtke.com ou eleganthack.com.